Günther Dichatschek

Die Kirche braucht Veränderung

AF154059

Günther Dichatschek

Die Kirche braucht Veränderung

Aspekte einer Erwachsenenbildung und Kirchenentwicklung

Fromm Verlag

Imprint

Any brand names and product names mentioned in this book are subject to trademark, brand or patent protection and are trademarks or registered trademarks of their respective holders. The use of brand names, product names, common names, trade names, product descriptions etc. even without a particular marking in this work is in no way to be construed to mean that such names may be regarded as unrestricted in respect of trademark and brand protection legislation and could thus be used by anyone.

Cover image: www.ingimage.com

Publisher:
Fromm Verlag
is a trademark of
Dodo Books Indian Ocean Ltd. and OmniScriptum S.R.L publishing group

120 High Road, East Finchley, London, N2 9ED, United Kingdom
Str. Armeneasca 28/1, office 1, Chisinau MD-2012, Republic of Moldova, Europe
Managing Directors: Ieva Konstantinova, Victoria Ursu
info@omniscriptum.com

Printed at: see last page
ISBN: 978-620-2-44104-9

Die Kirche braucht Veränderung

Aspekte einer Erwachsenenbildung und Kirchenentwicklung

Günther Dichatschek

Inhaltsverzeichnis

Vorbemerkung

"Ausbildung ohne Bildung führt zu Wissen ohne Gewissen" (Daniel GOEUDEVERT 2001, 5).

Die Auswahl und Anordnung der Themen beruhen auf persönlicher beruflicher Sozialisation und stellen persönliche Schwerpunktbildungen und Interessenslagen dar.

Basis der Beiträge und des Erkenntnisstandes ist die Literatur der Erziehungswissenschaft, Organisationsentwicklung ("Organisation und Pädagogik"), Politischen Bildung, Vorberuflichen Bildung, Altersbildung und Evangelischen Erwachsenenbildung/ EEB sowie interdisziplinärer Ansätze, exemplarisch vom Autor in Vorberuflicher- und Politischer Bildung sowie EEB mit eigenen Arbeiten ausgeführt.

Die Auseinandersetzung mit der Basisliteratur vervollständigt erwachsenenpädagogische Herausforderungen (vgl. beispielhaft LENZ 1998, SEIVERTH 2002, SCHRÖER 2004, PFÄFFLI 2005, RAITHEL - DOLLINGER - HÖRMANN 2005, 219-227; WAHL 2006, WITTPOTH 2006, SANDER 2007, GRUBER - KASTNER - BRÜNNER - HUSS - KÖLBL 2007, SCHEMMANN 2007, NOLDA 2008, DÖRING 2008, ZUMBACH - ASTLEITNER 2016, TIPPELT - HIPPEL 2009, NUISSL - LATTKE - PÄTZOLD 2010, FLEIGE 2011, KRÄMER - KUNZEW -KUYERS 2013, BRAUER 2014, SCHEIDIG 2016; DICHATSCHEK 2005ab, 2007, 2008abc 2017; ARNOLD - NUISSL - ROHS 2017, WALZER 2019).

Einrichtungen und Organisation der Erwachsenen- bzw. Weiterbildung/ EB-WB? müssen in einer sich ständig ändernden Gesellschaft bestehen können, um Fort- und Weiterbildungsmaßnahmen durchführen zu können. Dies bedeutet eine zunehmende nationale (A) und internationale Bedeutung (EU) des quartären Bildungssektors (vgl. WITTPOTH 2006, 107-173).

Der Autor bezieht sich in seinen Ausführungen auf seine postgraduale Ausbildung im 10. Universitätslehrgang "Politische Bildung" / Universität Salzburg bzw. Klagenfurt/ Modul 6 "Die EU und Österreich" - 8 "Normen, Werte, geistige und weltanschauliche Grundlagen der Demokratie"/ Masterstudium (vgl. DICHATSCHEK 2008a, 133-136; FLEIGE 2011, 70), den 6. Universitätslehrgang "Interkulturelle Kompetenz" / Universität Salzburg/ Diplom mit einer Abschlussarbeit zur "Interkulturellen Erwachsenenbildung in der Vorberuflichen Bildung" sowie seine Qualifizierung in der "Weiterbildungsakademie Österreich/ wba" und im Comenius - Institut/ Fernstudium Erwachsenenbildung/ EKD, in Verbindung mit Bildungsmaßnahmen der Personalentwicklung der Universität Wien in "Change Management", "Führung und Management" und "Didaktischen Kompetenzen" und die Absolvierung des 4. Internen Lehrgangs für Hochschuldidaktik der Universität Salzburg/ Zertifizierung.

Ebenso konnte der jahrelange Tätigkeits- bzw. Erfahrungsbereich im Bildungsmanagement als Mitglied der Bildungskommission der Generalsynode der Evangelischen Kirche A. und H.B. (2000 - 2011) und stv. Leiter des "Evangelischen Bildungswerks in Tirol" (2004 - 2009, 2017 - 2019) bzw. als Bildungsbeirat (2011-2017) und als Lehrbeauftragter der Universitäten Wien und Salzburg, Lehrerbildner/ PI Tirol und Kursleiter an Salzburger Volkshochschulen eingebracht werden.

Elemente erwachsenenpädagogischer Lehre werden auch im universitären Bereich von Lehrenden verwendet (vgl. WAHL 2006, 6 - 7). Die Diskussion - insbesondere unter der Prämisse eines "lebensbegleitenden Lernens" - wird hochschuldidaktisch unterschiedlich geführt.

Differenziert wird das Segment Weiterbildung und des Widerstandes gegen Bildung gesehen (vgl. AXMACHER 1990, 20; HOLZER 2017, 191-289).

Unterschiedlich wird die Thematik von Parallelstrukturen in der Didaktik von Schule, Hochschule und EB/ WB behandelt (vgl. NOLDA 2008, 15; PFÄFFLI 2005; DUMMANN - JUNG - LEXA - NIEKRENZ 2007; FLEIGE 2011, 53; BOLDER 2011, 53-66; GRUNDSTUDIUM ERWACHSENENBILDUNG/ EKD - COMENIUS INSTITUT, STUDIENBRIEF 3, 2014).

Der Beitrag ist eine persönliche Auseinandersetzung aus der angeführten Motivation.

Teil I Allgemeine und Konfessionelle Erwachsenenbildung

1 Erwachsenenbildung

Erwachsenenbildung EB bzw. Weiterbildung/ WB stellt Theorie und Praxis vor besondere und andere Herausforderungen.

1.1 Allgemein

1 Die Beziehung zwischen Lehrenden und Lernenden/ Studierenden ist eine Beziehung zwischen Mündigen (vgl. FLEIGE 2011, 65; KRÄMER - KUNZE - KUYPERS 2013, 195-203). Es gibt keine Erziehung, die Adressaten/innen sind Teilnehmer/innen (vgl. SCHRÖER 2004, 9).

2 Zudem gibt es den Unterschied zur schulischen Bildung in der Teilnehmerorientierung im Lehren und Lernen, Erwerb von Wissen ohne Belehrung und der Programmplanung, um das Bildungssystem und die Landeskultur (vgl. MEUELER 2009, 985-986; FLEIGE 2011, 11-12, 64).

3 Es geht um Bildung, Qualifikationen und Erwerb von Kompetenzen. Zu bedenken ist neben einer nationalen auch die internationale (EU-) Perspektive der EB (vgl. LENZ 1998, 329-342; NUISSL - LATTKE - PÄTZOLD 2010, ARNOLD - NUISSL - ROHS 2017).

4 Die Organisation von EB/ WB ist pluralistisch, es geht um ein Bestehen auf dem Bildungsmarkt (vgl. SCHRÖER 2004, 23). Den gesetzlichen Rahmen regelt der Staat (vgl. dazu die Überlegungen zur Weiterbildung als "gouvernementale Machtpraktik" bei NOLDA 2008, 64-66).

1.2 Konfessionelle EB

Konfessionsgebundene EB/ WB hat eine andere Aufgabenstellung (vgl. DICHATSCHEK 2005, 126; SCHRÖDER 2012, 503-505):

1 Theologie erfordert Verkündigung/ Mission,

2 Erziehungs- bzw. Bildungswissenschaft fordert Mündigkeit und

3 Organisationsentwicklung fordert Konkurrenz.

In dem interdisziplinären Fachbereich des Bildungsmanagements von Erziehungs- bzw. Bildungswissenschaft (EB) und Betriebswirtschaft/ Organisationsentwicklung bzw. Theologie bei konfessioneller EB geht es um

1 Herausforderungen der jeweiligen Situation (Situationsanalyse),

2 die Darstellung veränderter gesellschaftlicher Rahmenbedingungen (Gesellschaftsanalyse),

3 den sich ändernden Wirtschaftsrahmen (Wirtschaftsanalyse) und

4 um Ziele und Zielkonflikte im angesprochenen Verhältnis der Fachbereiche (Lernzielanalyse).

1.3 Folgerungen

Gefordert ist demnach

1 eine theoretische Abklärung der klassischen und modernen Theorien der Organisation und der Veränderungen auf ihre Brauchbarkeit hin,

2 die Besonderheit einer Bildungsorganisation im quartären Bereich mit ihren spezifischen Merkmalen und

3 Ergebnisse, die zu pragmatischen Entwicklungsperspektiven führen.

In Lehre - Gruppenführung - Training geht es um Bereiche der EB/ WB in der Erziehungs- bzw. Bildungswissenschaft (Lehren und Trainieren in der Fort- und Weiterbildung) im Rahmen des von der EU geforderten "lebensbegleitenden Lernens" in Form der Allgemeinen, Beruflichen EB und Betrieblichen Weiterbildung (vgl. NOLDA 2008, 56, 104; ARNOLD - NUISSL - ROHS 2017, 120-121). Damit sind komplexe Fragen im quartären Bildungssektor für Lehrende und Lernende gestellt.

Im Studium geht es im tertiären Bildungsbereich um eine Hinführung und in der Folge Spezialisierung wissenschaftlichen Denkens mit einer ausgesuchten Zielgruppe mit gesetzlicher Studienberechtigung nach einem intern - kodifizierten Studienplan, hochschuldidaktischen und fachdidaktischen Grundsätzen. Zentral ist die Förderung des Verständnisses für wissenschaftliche Forschungsarbeit. Ausgangspunkt ist die Auseinandersetzung mit Theorie und Praxis des Studiengegenstandes (VO, SE, PS und Praktikum). Ziel ist ein akademischer Studienabschluss mit einem Vorrat an Wissensbeständen und einer Stärkung wissenschaftlicher Weiterbildung (vgl. KRÄMER - KUNZE - KUYPERS 2013, 202-203; WAHL 2020, 173-197).

2 EB/ WB im nationalen Bereich

EB/ WB ist mit der Allgemeinen EB mit den Volkshochschulen/ VHS, der ARGE Bildungshäuser, dem Büchereiverband und dem Ring Österreichischer Bildungswerke (mit den konfessionsgebundenen Bildungswerken) sowie der Beruflichen EB mit den großen Bildungsträgern der Sozialpartner wie dem Verband Österreichischer Gewerkschaftlicher Bildung, der Volkswirtschaftlichen Gesellschaft, dem Ländlichen Fortbildungsinstitut/ LFI, dem Wirtschaftsförderungsinstitut/ WIFI und dem Berufsförderungsinstitut/ bfi sowie seinen Bildungsinstitutionen - dem "Bundesinstitut für EB" und der "Weiterbildungsakademie Österreich" - Bestandteil des quartären Bildungssektors (vgl. dazu die verschiedenen Institutionen und Lernorte sowie den Lernort Betrieb bei NOLDA 2008, 104, 109-110; FLEIGE 2011, 53; SCHÄFTER 2007, 355).

Nach ZEUNER (2010) ist es Aufgabe einer EB in einer Demokratie, sachliches Verständnis der Wirklichkeit und wachsame Kritik zu bilden. Verantwortung und Kritik sollen vorgelebt werden. Eine Demokratie lebt aus dem wachsamen Mut ihrer Bürger, aus der Bereitschaft zur Opposition, zur Alternative (vgl. ZEUNER 2010, 59; BORONSKI 1986, 64).

Damit wurde die Hauptaufgabe der EB in einer alltags- und lebensorientierenden und Politischen Bildung gesehen. Erst mit dem Eintritt in die Europäische Union hat sich die Zielsetzung mit einer beruflichen Qualifikation wesentlich erweitert, die politisch - ökonomische Dimension bleibt aktuell.

Mit der theoretischen Diskussion der EB ist die Entwicklung eines spezifischen professionellen Bewusstseins und Handelns der in der Praxis tätigen Personen notwendig. Die verschiedenen Handlungsfelder, die unterschiedliche berufliche Primärsozialisation und die verschiedenen Arbeits- und Beschäftigungsformen erschweren bisher ein theoretisch begründetes professionelles Selbstverständnis und Handeln (vgl. ZEUNER 2010, 62).

Von Interesse sind daher die Bemühungen der Universitäten Graz und Klagenfurt sowie des Bundesinstituts für EB um eine Erwachsenenpädagogik/ Erwachsenenbildung. Der Universitätslehrgang Erwachsenenbildung - Weiterbildung der Universität Klagenfurt bzw. des Bundesinstituts für Erwachsenenbildung Strobl ist beispielhaft. Der Aufgabenbereich erwachsenenpädagogischer Kompetenzerfassung und Qualifikation der Weiterbildungsakademie Österreich/ wba ist europaweit vorbildlich.

Im Rahmen der Evangelischen EB/ EEB gibt es neben den Bildungswerken/ EBW und der "Arbeitsgemeinschaft Evangelischer Bildungswerke/ AEBW" auch "Evangelische Akademien/ EAK". Ihre Aufgaben sind unterschiedlich.

1 EBW vermitteln neben einem theologischen Basiswissen Alltags- und Lebensorientierung, Kulturarbeit, Politische Bildung und zunehmend Interkulturelle Bildung.

2 EAK verstehen sich als Orte des gesellschaftlichen Diskurses im christlichen Kontext.

3 Die AEBW ist der Dachverband der evangelischen erwachsenenpädagogischen Bildungsinstitutionen mit Ziel einer Verbindung zu staatlichen Institutionen, der Allgemeinen Erwachsenenbildung und zur kirchlichen Institution.

Seit den siebziger Jahren gibt es zwei fundamentale gesellschaftliche Neuerungen mit einer gesamtgesellschaftlichen Bildungsverantwortung,

- zum einen eine weltanschauliche Offenheit und

- zum anderen eine Orientierung an der Lebenswelt/ Beruflichkeit der Adressaten.

Zunehmend wird der Bereich der Beruflichen EB forciert, wobei Änderungen auf dem Arbeitsmarkt, die Nachfrage nach Qualifikationen und einem Weiterbildungsangebot eine Rolle spielen (vgl. NOLDA 2008, 33 und 48). In der Folge kommt es zur Einbeziehung von Qualifikationslernen und Weiterbildung/ Höherqualifizierung mit beruflichen, politischen und lebensweltorientierten Bildungsaspekten, das sich in Berufs- und Persönlichkeitsbildung mit Qualifikationen und Kompetenzen (Personalkompetenz/ Selbst-, Fach- und Methodenkompetenz, Sozial- und Handlungskompetenz) darstellt(vgl. HEYSE - ERPENBECK 2009).

NEGT unterscheidet aus kritischer Perspektive eher bildende Aspekte der EB mit alternativen Kompetenzen/ "gesellschaftliche Schlüsselqualifikationen" wie Identitätskompetenz, ökologische -, technologische -, historische -, Gerechtigkeitskompetenz und ökonomische Kompetenz (vgl. NEGT 1991, 11-15 und 1997, 227; LENZ 1999, 72).

EB/ WB benötigt demnach heute

1 Professionalisierungsprozesse und Weiterbildungsmaßnahmen des Weiterbildungspersonals (vgl. NUISSL - LATTKE - PÄTZOLD 2010, 86-93; ARNOLD - NUISSL - ROHS 2017, 179-244),

2 Profitbildung des Programmangebots und Kenntnisse von Betriebswirtschaft (vgl. BUSSE VON COLBE - COENENBERG - KAJÜTER - LINNHOFF - PELLENS 2011) sowie

3 Verbesserung der Ressourcennutzung mit Qualitätssicherung durch Kooperationen in Form von Erfahrungsaustausch, gemeinsames Marketing, Berücksichtigung der Anforderungen und Wünsche der Gesellschaft und des Trägers, der freien Mitarbeiter/innen und der Adressaten (vgl. NOLDA 2008, 117-118).

2.1 Gesellschaftliche Rahmenbedingungen

Zu den zentralen Veränderungen der demokratischen Gesellschaft gehört die Veränderung der Arbeitsgesellschaft.

1 Die Bedeutung immaterieller Arbeit wächst. Freiwilligkeit gewinnt an Bedeutung und ist insbesondere im Sozial-, Sport- und Kulturbereich nicht wegzudenken.

2 Die subjektiven Interessen der Arbeitenden gewinnen an Bedeutung.

3 Die Arbeitsverhältnisse werden zunehmend dereguliert, damit die Arbeitskräfte flexibler eingesetzt werden (können).

4 Die klassische Form der Berufstätigkeit löst sich auf, die Bedeutung beruflicher Orientierung i.w.S. nimmt zu. SCHMIDT (2000) fasst diese Entwicklung mit der Formel zusammen: vom Produkt zum Projekt > von der Erledigung zum Erfolg > vom Schweiß zum Adrenalin (vgl. SCHMIDT 2000, 59; SCHRÖER 2004, 23).

Die bisherigen Formen von Arbeit - fixer Arbeitsplatz, Arbeitszeitregelungen, Sozialansprüche, Tariflöhne - verändern sich zu anderen Formen wie Telearbeit, mobiler Arbeitsplatz und virtuelle Büros und damit zu einer verschärften Ökonomisierung mit einer Reihe von wirtschaftlichen und sozialen Unsicherheiten. Es ist davon auszugehen, dass künftige Arbeitnehmer/innen voraussichtlich mehrere Arbeitstätigkeiten in mehreren Berufen auszuüben haben(Berufsausbildung > Startberuf > Folgeberufe > ggf. Umschulungen bzw. Folge- und Weiterbildungsmaßnahmen, geänderte Arbeits- und Berufsbedingungen). Arbeitsunterbrechungen - bei Frauen im hohen Ausmaß bereits lange schon eine gesellschaftliche Realität - werden keine Ausnahme sein (vgl. SCHMIDT 2000, 60; SCHRÖER 2004, 23; BEINKE 2006, 11-16; NOLDA 2008, 32-34). Freiwilligenarbeit und soziales Engagement mit Anerkennung werden zunehmend von Bedeutung werden. Der Wert des generationenübergreifenden Engagements mit Hilfsbereitschaft steigt (vgl. OPASCHOWSKI 2006a, 84-107).

Dies hat auf EB/ WB - Einrichtungen Konsequenzen.

1 Zunächst wird ihre Rolle aufgewertet, weil Bildungsmaßnahmen in Form lebensbegleitendem Lernen künftig verstärkt notwendig sein werden. Dieses Lernen soll, so die EU - Forderung, für unterschiedliche Arbeitsmöglichkeiten fit halten, also in verlängerter erwerbsarbeitszeitfreier Zeit auf neue Beschäftigungsfelder vorbereiten (vgl. NOLDA 2008, 12-14). Dies hat für die Allgemeine EB zunächst kaum Konsequenzen.

2 Bildung wird als Dienstleistung auf einem "Bildungsmarkt" verstanden. Ökonomische, inhaltliche und methodische Konkurrenzsituationen sind vorhanden.

3 Gefragt und gefordert ist durch die Pluralisierung der Arbeitsformen und Berufsbilder, Individualisierung von Arbeitsbedingungen und geringe Halbwertzeiten berufsspezifischen Wissens eine berufliche Grundbildung.

4 Bildungseinrichtungen verändern sich durch neue Arbeitsmodelle sowie flexible Lernstile und Lernformen.

Nach TIETGENS/ WEINBERG (1971) lernt man, was etwas ist, aber nicht, was es bedeutet (TIETGENS - WEINBERG 1971, 86).

KOLB (1984, 77) geht im ""experiential learning" vom

1 divergierendem Stil (Betrachtung konkreter Situationen aus unterschiedlichen Blickwinkeln/ konkrete Erfahrung - reflektierendes Beobachten),

2 konvergierendem Stil (Lösen von Problemen und praktische Umsetzung/ abstrakte Begriffsbildung - aktives Experimentieren) und

3 assimilierendem Stil (Entwicklung theoretischer Modelle/abstrakte Begriffsbildung - reflektierende Beobachtung) und akkomodierendem Stil (Handeln und Umsetzen von Plänen/ Bereitschaft neuer Erfahrungen) aus.

Neben diesen Kennzeichen und Notwendigkeiten stellt sich das Problem der Qualitätssicherung (Qualitätsmanagement) (vgl. NOLDA 2008, 108).

1 Anzustreben ist im Hinblick auf die Unterschiedlichkeit der Anbieter in der EB/ WB eine Zertifizierungsmöglichkeit.

2 Probleme bestehen ebenso in den Kompetenzanforderungen, den Tätigkeitsprofilen der Erwachsenenbildner mit unklaren Qualifikationsvoraussetzungen - man denke etwa an die Bezeichnungen Dozent, Coachs, Trainer/innen, Unternehmensberater/innen, Lehrer/innen, Berater/innen und Kursleiter/innen - und den verschiedenen Beschäftigungsverhältnissen beim Personal(vgl. BEER - CREMER - MASSING 1999, 289-323; WITTPOTH 2006, 175-196; NOLDA 2008, 113; ZEUNER 2013, 82 bzw. 85-87; ARNOLD - NUISSL - ROHS 2017, 193-200).

3 Für Evangelische Bildungswerke etwa besteht das Qualitätsmanagement nach dem geltenden Handbuch für Qualitätsmanagement Evangelischer Erwachsenenbildung (Stand 2017) in der

Darstellung des IST - Zustandes,

Planungen für einen realen SOLL - Zustand und

der daraus resultierenden Voraussetzung für Möglichkeiten von Subventionen (vgl. SCHRÖDER 2012, 503).

2.2 Ziele und Zielkonflikte

Aus dem gesamtgesellschaftlichen Zusammenhang ergibt sich eine Begründung für eine EB/ WB.

1 Schulen haben eine selbstverständliche gesamtgesellschaftliche Legitimation für die Vermittlung von Allgemein- und beruflicher Bildung vorrangig im Rahmen von Schulpädagogik und Lehrerbildung (mit Vergabe eines Lehramtes).

2 In der EB ist die Zielsetzung und Orientierung vorrangig an gesellschaftspolitische und bildungspraktische Belangen ausgerichtet.

3 WB orientiert sich an den weiteren Bildungswegen der Klientel, also an Höherqualifizierung.

Fort- und Weiterbildung sind die Kernaufgabe einer EB/ WB, insbesondere unter EU - Bildungsaspekten geworden (LISSABON 2001).

Bezugswissenschaften sind vorrangig die Erwachsenenpädagogik/ Erwachsenenpsychologie (Erwachsenenbildungswissenschaft), Soziologie, Geschichte, Berufspädagogik und Politische Bildung sowie Ökonomie (vgl. WITTPOTH 2006, 36-39; ZEUNER 2010, 55). In der konfessionellen EB spielt die Theologie/ Religionspädagogik eine Rolle.

Betriebswirtschaftliche Überlegungen spielen seit der zunehmenden Ökonomisierung und Kommerzialisierung in den neunziger Jahren eine Rolle. Entsprechend kommen verstärkt Aspekte wie Professionalisierungsstrategien, Organisationsentwicklung und Bildungsmarketing zur Geltung.

2.2.1 Kernauftrag

Kernauftrag - Konsequenzen einer EB/ WB

Trotz der Reichhaltigkeit des inhaltlichen Angebots und ihrer Breite - Individuum, Beruf und Gesellschaft - gibt es einen Kernauftrag.

1 Basis ist die Fortsetzung der Elementarbildung/ Basisqualifikationen mit dem pädagogischen Auftrag einer (besseren) Bewältigung des Lebens- und Berufsalltags und

2 der Hinführung zu Fort- und Weiterbildungsmaßnahmen, wobei EU-bildungspolitisch berufliche Bildungsmaßnahmen verstärkt werden sollen.

Demnach sind drei pragmatische Konsequenzen zu ziehen.

1 EB/ WB versteht sich als Zugang zu einer fort- und weiterbildungswilligen Klientel, wobei Bildung auch außerhalb tradierter Formen traditioneller Bildungsinstitutionen stattfindet (vgl. den von FLEIGE eingeführten Begriff "Angebote beigeordneter Bildung"/ FLEIGE 2011, 55; die Bemühungen der EU um einen offenen Fernunterricht, formale, non-formale und informelle Bildung; WITTPOTH 2006, 110; NOLDA 2008, 105-106; NUISSL - LATTKE - PÄTZOLD 2010, 21, 55 - 57; ARNOLD - NUISSL - ROHS 2017, 113-167).

2 Andere Methoden und Konzepte bilden eine Herausforderung (Methodenvielfalt).

3 Themen einer EB sind dem Lernmilieu der Klientel entsprechend aufzuarbeiten.

2.2.2 Fragen zur Weiterbildung

Persönliche Fragen zur Weiterbildung

1 Soll ich mich weiterbilden? - Wer eine Höherqualifizierung anstrebt, erweitert sein Wissen und seine Kompetenzen. Weiterbildung bereichert persönlich, das Unternehmen, den Wirtschaftsstandort und die Gesellschaft.

2 Was brauche ich? - Als Folgefrage stellt sich die Brauchbarkeit bzw. Nützlichkeit. Neben der beruflichen Notwendigkeit muss der Umfang, die Intensität und die Breite dieses Lernumfanges bzw. der Lernprozesse hinterfragt werden. Vom kostenlosen Wochenend- bzw. Abendkurs bis zum universitären Masterlehrgang über vier Semester mit entsprechender Teilnehmergebühr und Aufenthaltskosten bedarf es einer persönlichen Analyse und des potentiellen Nutzens. Fragen des Warum, der Ziele, des Fehlens von Wissen bzw. Kompetenzen und der Vereinbarkeit von Familie und Beruf sowie der Finanzierung sind zu beantworten.

3 Beratung und Hilfestellung? - Wenn der Bedarf und das Ziel festgelegt sind, sollte man den Bildungsmarkt beobachten. Um eine Übersichtlichkeit zu erhalten, sind Einrichtungen wie Berufsinformationszentren(BIZ/ AMS), der Erwachsenenbildung und der Netzwerke von Bildungsberatung hilfreich. Universitäre bzw. hochschulmäßige Einrichtungen sollten über das Internet abgerufen werden. Die Sozialpartner verfügen über eine Bildungsberatung.

4 Welches Angebot ist für mich geeignet? - Die Qualität der Anbieter kann variieren, weshalb zusätzliche Fragen nach dem Ruf, dem Bekanntheitsgrad und den Erfahrungen

auftreten können. Das Medienecho und ein Gütesiegel sind ebenso von Bedeutung. Erfahrungsgemäß ist eine persönliche Erkundung wünschenswert.

5 Welches Angebot ist richtig für mich? - Voraussetzungen, das Umfeld und die Kenntnis eigener Stärken bzw. Schwächen sind wichtig. Fragen treten immer noch auf: Welche Faktoren sind für mich wichtig? Stimmt das Preis -Leistungsverhältnis? Wie nahe ist das Angebot an meinem Wohn- bzw. Arbeitsort? Wie ist das Zeitmanagement (abends, Wochenende, Block; Module)? Wie werden die Lerninhalte vermittelt?

2.3 Evangelische Erwachsenenbildung/ EEB

2.3.1 Ziele - Konzepte

Für die EEB gehören theologische Ziele zum Selbstverständnis. So wird beispielsweise die Theorie der EEB "[...]innerhalb der Praktischen Theologie (als ein) Teil einer übergreifenden Theorie kirchlicher Bildungsverantwortung, die die Handlungsfelder in Kirche und Gesellschaft umfasst, sich nach leitenden theologischen und pädagogischen Kriterien kohärent und einheitlich unbeschadet innerer Differenzierung begründet, Glaubensinterpretationen und Bildungskriterien grundsätzlich aufeinander bezieht und als wissenschaftliche Theorie hermeneutisch - kritisch einer immer schon theoretischen Praxis aufklärend und handlungsorientiert" beschrieben (NIPKOW 1991, 76).

Konzepte für neue Zugangsmöglichkeiten/ Bildungsangebote sind notwendig geworden (dialogische Formen - Seminare - Erkundungen - Projekte - Workshops - Studientage; Bedürfnisse von Kirchendistanzierten/ Themenwahl, Räumlichkeiten; Orientierung an der Lebenswelt der Adressaten; SCHRÖDER 2012, 500, 504-505).

Zunehmend gibt es differenzierte Erwartungen an Religion und Kirchen. Jedenfalls nimmt der traditionelle "Kirchenchrist" ab. Hier ist anzusetzen. Unterschieden wird bei Kirchenmitgliedern in "Humanisten" (Pflege des kulturellen Erbes), "Alltagschristen" (Übereinstimmung von Wort und Tat), "Anspruchsvollen" (Individualität der Glaubensvorstellung und des Gottesbildes) und "Jugendlichen" (Lust und Spontaneität - Distanz und Kritik).

EEB versteht sich als Zugang für Kirchendistanzierte (vgl. SCHÖER 2004, 38-39).

Die Forderung der EU nach "lebensbegleitendem Lernen" mit Weiterbildung ist in der EEB ausbaufähig.

Inwieweit eine Ehrenamtsausbildung ausreicht, ist klärungsbedürftig, weil es ebenso um die Gruppe der nebenamtlichen und hauptamtlichen Mitarbeiter/innen als Adressaten/innen geht.

Jedenfalls geht es um die Frage des Nachwuchses und der Verteilung der Tätigkeitsbereiche, um EEB durchführen zu können (vgl. dazu den Beitrag zum Workshop "Ehrenamtlichkeit/Freiwilligkeit in der Erwachsenenbildung"; DICHATSCHEK 2012/2013, 688-692; IT - Autorenhinweise: ● http://www.netzwerkgegengewalt.org > Index: Personalentwicklung).

2.3.2 Fernstudium Erwachsenenbildung

Im Folgenden wird verkürzt und übersichtlich der "Grundkurs Erwachsenenbildung" der Evangelischen Arbeitsstelle Fernstudium im Comenius - Institut Frankfurt/ M. als eine Form der Fort- bzw. Weiterbildung angesprochen (vgl. ● http://www.fernstudium-ekd.de [27.3.2018]).

1 Einführungsheft

Fernlernen leicht gemacht

Der Grundkurs Erwachsenenbildung

Einführung in das Thema

Weiterführende Literatur

2 Studienbrief 1 Bildung

Zielsetzung - Einleitung

Bildung im Spannungsfeld von Ich und Gesellschaft

Inhalte, Themen und Ziele

Bildung - Beispiele theoretischer und politischer Konzepte

Zukunftsaufgabe Bildung

Schlussfolgerungen für die Erwachsenenbildung

Literatur

3 Studienbrief 2 Lernen

Zielsetzung - Einleitung

Lernen im Erwachsenenalter

Was passiert im Gehirn? Zur Biologie des Lernens

Theorien des Lernens

Lernen als individuelles Verhalten

Schlussfolgerungen für die Erwachsenenbildung

4 Studienbrief 3 Methodik und Didaktik

Einleitung

Die Rolle des Erwachsenenbildners

Veranstaltungen planen

Veranstaltungen durchführen

Veranstaltungen auswerten

Verwendete Literatur

Für jeden Studienbrief sind Angebote für auszuführende Aufgaben zu den verschiedenen Themenbereichen vorhanden. Am Ende der Bearbeitung der vier Studienbriefe ist eine Hausarbeit im Umfang von rund 20 Seiten zur Zertifizierung abzufassen.

Aus Sicht des Autors wären zusätzliche Studienbriefe zu den Themenbereichen "Bildungsmanagement" und "Evangelische Erwachsenenbildung/ Religionspädagogik" wünschenswert.

Eine Kooperation mit der "Arbeitsgemeinschaft Evangelischer Bildungswerke/ AEBW" wäre ebenso günstig.

Biblische Impulse für Erziehung und Bildung

Die *Erziehungsfrage* ist sehr wohl mit der Bibel verbunden, gerade der neutestamentliche Text beschreibt einen Erziehungsauftrag, wobei der Ausdruck "Zurechtweisung" als Erziehung heute zu verstehen ist (vgl. 2Tim 3, 16-17). Ziel einer Erziehung ist eine ganzheitliche Erziehung und Ausbildung - verbunden mit Selbständigkeit - in allen Lebensbereichen (vgl. Spr 1,2; Spr 15,33; Jes 26,9; Jes 32,4; Tit 3,14).

Entscheidend sind grundlegende Werte, nicht die Übernahme eines Lebensstils der Eltern. Dies bedeutet für unsere Zeit etwa interkulturelle Kompetenz und die Beachtung des Wertekatalogs der Zehn Gebote. Hier gilt in einem Lernprozess das Verständnis und die Handlungsmöglichkeiten/ Umsetzung zu wecken (vgl. Spr 28,7; 5Moses 6, 20-25).

1 Im Alten Testament wird insbesondere die Bedeutung elterlicher Erziehung im 5. Buch Moses deutlich (vgl. 5Moses 6, 5-9). Neben der Wissensvermittlung geht es auch um Lebensvermittlung, also beispielhaftes Zusammenleben nach den Geboten (vgl. 5 Moses 11, 18-21; "soziales Lernen").

2 Neben den Geboten ist das "Buch der Sprüche" das große Erziehungsbuch der Bibel. Thema ist hier eine ganzheitliche Erziehung, die soziales Lernen durch Arbeit, Vorsorge, Frieden stiften und Gerechtigkeit anspricht (vgl. Spr 9,10; ähnlich Spr 1,7; Spr 15,33 - Hiob 28,28 und Ps 111,10). Die angesprochene "Weisheit" bedeutet nicht nur eine intellektuelle Fähigkeit, vielmehr auch die Fähigkeit einer Umsetzung des Wissens durch Erfahrung in die Praxis(vgl. Spr 4,1-9; Handlungskompetenz).

3 Im Alten Testament gibt es keine Hinweise auf ein Schulwesen, vielmehr aber werden Erziehung und Bildung angesprochen. bezogen wird dies hauptsächlich auf die Eltern. Sie sollen Wissen, religiöse und kultische Bildung vermitteln: "Höre mein Sohn, auf die Mahnung des Vaters/ und die Lehre deiner Mutter verwirf nicht" (Spr 1,8). Das hohe Bildungsideal zeigt sich in der Kenntnis der Torah (Gesetz, Unterweisung), die mit der erwähnten Weisheit zu verbinden war. Biblische Bildung war untrennbar mit religiösen Aspekten verbunden. Bei Moses erfährt man seine gründliche Ausbildung und seinen daraus folgenden Einfluss in Ägypten.

4 Das Neue Testament kennt "Schulen". So wurde Paulus erzogen, lernte ein Handwerk (Tuchmacher) und wurde nach dem "Gesetz der Väter" ausgebildet. Eine Biographie von Jesus liegt nicht vor, wohl Hinweise auf einen Bildungsprozess (Tempel, Handwerk). Modern ausgedrückt bedeutet dies einen Hinweis auf "duale Ausbildung".

5 Die Bibel kennt überdies für unsere Zeit einen interessanten Ansatz. In Mt 11,29 lädt Jesus alle ein, von ihm zu lernen (etwa Freundlichkeit, Sanftmut und Verzicht auf Gewalt - "soft kills"). Heute spricht man in diesem Zusammenhang von "lebensbegleitendem Lernen".

Daneben enthält die Bibel viele *Lebensregeln* und *ethische Anweisungen* für alle Menschen, beispielhaft

die Gewaltvermeidung/ 3. Seligpreisung,

Barmherzigkeit,

Verzeihen - Lernen,

Ehrung der Eltern,

Dankbarkeit,

Ehrfucht und

ökologisches Bewusstsein (gegenüber der Schöpfung).

2.4 Institution, Organisation und Organisationswandel in der EB/ WB

"Der neue betriebswirtschaftliche Blick auf Institutionen der Erwachsenenbildung sieht diese als Organisationen, d.h. als soziale Systeme, die das Verhalten ihrer Mitglieder etwa durch Arbeitsteilung und Hierarchien auf das Verfolgen bestimmter Ziele ausrichten" (NOLDA 2008, 107).

Organisationen der EB sehen sich demnach verändernden Bedingungen ausgesetzt.

Dazu gehören etwa

1 die Faktoren der Umwelt (Infrastruktur, Gebäude),

2 Werte/ Normen (Kundenorientierung),

3 gesetzliche Vorschriften (Subventionen),

4 andere soziale Systeme (Universitäten, Fachhochschulen),

5 Finanzierungsmodelle (Budgetkürzungen),

6 demographische Entwicklungen/Gesellschaftsstrukturen und

7 die Adressaten (veränderte Ansprüche).

Institutionen der EB/WB stehen unter starkem Veränderungsdruck, dies betrifft etwa

eine mögliche oder/ und notwendige Änderung der Rechtsform,

Fusionierung mit Bildungs- und Kultureinrichtung,

einer Neupositionierung auf dem Bildungsmarkt oder/ und

einem Zusammenschluss in Netzwerken (vgl. das Angebot von EPALE; KÜCHLER 2007, 7-29).

Mit der Einführung des Qualitätsmanagements entwickeln sich inzwischen Qualitätskonzepte auf dem Prinzip einer Selbstevaluation oder einer externen Kontrolle.

Von Bedeutung ist das EFQM ("European Foundation for Quality Management")- Modell als Orientierungslinie oder sogar als handlungsanleitende Vorgabe geworden;

ebenso auch die lernorientierte Qualitätstestierung (LQT) mit den Bereichen des Leitbilds, der Bedarfsanalyse, Evaluation der Bildungsprozesse, Qualität des Lehrens und der Lerninfrastruktur, der Führung/Leitung/ Entscheidung, Personalentwicklung, Controlling, den Geschäftsbedingungen und Kundenkommunikation, der Angebotsinformation und den strategischen Entwicklungszielen.

Das Modell dient weniger einer Lernkontrolle, vielmehr der Organisationsentwicklung, also Lernprozesse selbstgesteuert zu vollziehen (vgl. EHSES/ HEINEN - TENRICH/ ZECH 2001, 32; ZECH 2003; NOLDA 2008, 108).

2.5 Persönliche Arbeiten/ Veranstaltungen in der EB/ WB

Im Folgenden wird beispielhaft auf Arbeiten für Abschlüsse/ Diplome der Weiterbildungsakademie Österreich/ wba, Vortragstätigkeit und als Kursleiter an Salzburger VHSn eingegangen.

2.5.1 Weiterbildungsakademie - Universitätslehrgang

Führung von ehrenamtlichen Mitarbeiter/innen in der Arbeit des "Evangelischen Bildungwerks in Tirol"(Diplom "Bildungsmanagement"/ wba) - Kurzzusammenfassung der schriftlichen Hausarbeit

Im Jahre 2004 wurde der Autor anlässlich der Reaktivierung des Bildungswerks in den Vorstand gewählt und nahm seit diesem Zeitpunkt bis 2009 (2017 -2019) die stellvertretende Leitung eines kirchlichen Bildungswerks ein, welches das Bundesland Tirol mit sieben Evangelischen Pfarrgemeinden umfasst und ausschließlich auf Ehrenamtlichkeit (Freiwilligkeit) beruht.

Der 10. Universitätslehrgang Politische Bildung der Universität Salzburg in Verbindung mit den Zusatzseminaren der Universität Klagenfurt/ Masterabschluss (2006-2008), der 1.

Lehrgang Ökumene der Kardinal König - Akademie Wien (2006-2007) und die Auseinandersetzung mit Aus- und Weiterbildung im Rahmen des Lehrauftrages "Vorberufliche Bildung" am Institut für Bildungswissenschaft der Universität Wien sowie die Angebote der Personalentwicklung der Universität Wien (Change Management - Führung und Management) waren Anlass, sich mit einer ehrenamtlichen Berufsrolle intensiv auseinanderzusetzen.

Ziel der Fallstudie ist es, die persönliche Führungsrolle und den Führungsstil im Vorstand zu hinterfragen. Von Interesse ist die Ehrenamtlichkeit, die im Unterschied zum universitären Lehrauftrag in unterschiedlicher Art und Weise in der EB eines kirchlichen Bildungswerks den Autor beschäftigt.

Die Fallstudie zeigt in verschiedenen Schritten auf, welche Bedürfnisse ehrenamtliche Mitarbeiter/innen haben und wie diese durch Leistungs-, Struktur- und Organisationsmaßnahmen in einem kleinen Bildungswerk mit geringen materiellen Ressourcen angemessen abgedeckt werden sollen.

Die reflexive Auseinandersetzung, insbesondere bezogen auf die eigene Rollengestaltung, bildet den wesentlichen Bestandteil der Fallstudie, wobei die Durchführung und Auswertung von Mitarbeiter/innen-Gesprächen Hinweise auf die professionelle Gestaltung der Führungsrolle von Bildungsmanagern gibt.

Literaturhinweise/ Auswahl:

Beher K. - Liebig R. - Rauschenbach Th. (2000): Strukturwandel des Ehrenamts. Gemeinwohlorientierung im Modernisierungsprozess, Weinheim - München

Breit - Keßler S./ Vorländer M. (2008): Ehrenamtliche in der Kirche. Wiederentdeckung - Zusammenarbeit - Begleitung, in: AMT und GEMEINDE, Heft 11/12 2008, 227-237

Dichatschek G. (2005a): Evangelisches Bildungswerk neu organisiert, in: SAAT Nr. 2, 20. Februar 2005, 6

Dichatschek G. (2005b): Theorie und Praxis evangelischer Erwachsenenbildung, in: AMT und GEMEINDE, Heft 7/8 2005, 126-130

Höher F. - Höher P. (1999): Handbuch Führungspraxis Kirche. Entwickeln - Leiten - Moderieren in zukunftsorientierten Gemeinden, Gütersloh

Müller U. - Schweizer G. - Wippermann S. (Hrsg.) (2008): Visionen entwickeln. Bildungsprozesse wirksam steuern. Führung professionell gestalten - Dokumentation zum Masterstudiengang Bildungsmanagement der Landesstiftung Baden - Württemberg, Bielefeld

Studie: Schlechter Umgang mit Personal wird toleriert

Das Thema Personalführung wird von deutschen Chefs klar unterschätzt. Zu diesem Schluss kommt eine aktuelle Studie der Hochschule Osnabrück. Das Thema Führung gleicht häufig einem bloßen Lippenbekenntnis. Nicht selten wird schlechtes Führungsverhalten der oberen Führungskräfte sogar wissentlich von der Leitung geduldet, sofern das operative Ergebnis stimmt (vgl. STEINERT - HALSTRUP 2011, 38-41).

Nach Carsten STEINERT/ Dominik HALSTRUP ist der Stellenwert der Personalführung gering. Eine Folge seien "innere Kündigungen" von Mitarbeitern/innen, was für Unternehmen mit hohen Kosten verbunden sei.

Zwischen Oktober und November 2010 hatten STEINERT und HALSTRUP Entscheidungsträger von 118 deutschen Unternehmen mit mehr als 400 Mitarbeitern befragt. In der Studie sind Dienstleister (32 Prozent) ebenso wie Unternehmen aus den Bereichen Finanzen und Beratung (17 Prozent), Industrie und produzierendes Gewerbe (41 Prozent) und Handel (8 Prozent) berücksichtigt.

Internethinweis: ● http://www.orf.at/stories/2073795 (13.8.2011)

Literaturhinweis: Steinert C. - Halstrup D. (2011): Schlechte Führung wird toleriert, wenn die Zahlen stimmen. Stellenwert der Personalführung in deutschen Unternehmen, in: Personalführung - Das Fachmagazin für Personalverantwortliche, Ausgabe 07/2011, 38-41

Studie: Frauen in Führungspositionen

Führen Frauen schlechter oder besser? Ist die Akzeptanz gegeben, wie geht man in Führungsetagen damit um? Diese und andere Fragen, mit denen sich die Wissenschaft umfassend befasst hat, zeigen an, dass es keine einfachen Antworten darauf gibt. Das Haupthindernis für Frauen auf ihrem Weg in Führungspositionen liegt nach MÖLDERS/ VAN QUAQUEBEKE (2011) vor allem in den Köpfen aller Beteiligten, denn der mentale Prototyp der Führungskraft ist nach wie vor der Mann.

Literaturhinweis: Mölders Chr. - Van Quaquebeke N. (2011): Frauen in Führungspositionen. Prototypen von Führung hinterfragen, in: Personalführung - Das Fachmagazin für Personalverantwortliche, Ausgabe 07/2011, 42-47

Vorberufliche Bildung in der Evangelischen Erwachsenenbildung/ Diplom "Lehren-Gruppenleitung-Training?"/ wba - Kurzzusammenfassung der schriftlichen Hausarbeit

Der Schwerpunkt der Arbeit sind didaktische und methodische Aspekte der Vorberuflichen Bildung in der EB in Verbindung mit berufswahltheoretischen Überlegungen.

Vorberufliche Bildung - definiert als Orientierung über berufliche Bildung und die Arbeits- und Berufswelt(Berufswahltheorien; Schul-, Studien- und Berufswahl/ Unterricht - Realbegegnungen - Beratung; Einführung in die Arbeitswelt; Randgruppen, Migration; Arbeitslosigkeit) - ist als Teil der Berufspädagogik und Politischen Bildung der EB verpflichtet. Angelpunkt aller (berufs-) pädagogischen Bemühungen sind die Orientierungslosigkeit Heranwachsender und Eltern, Umzuschulender und Arbeitsloser und die notwendigen Hilfestellungen, in Verbindung mit Kooperationsmodellen des AMS und der Sozialpartner in Form eines regionalen Netzwerkes.

Der Kurs/ Lehrgang ist variabel gestaltet. Die Teilnehmer/innen werden ständig in aktive Rollen versetzt, teils allein, teils in Gruppen, teils mit Hilfestellungen und/oder Medien. Hauptaufgabe ist das Einbringen einer regionalen Bezogenheit.

EB hat nach heutigem Verständnis die von der EU eingeforderte zusätzliche Berufsorientierung in Form "lebensbegleitendem Lernen" zu praktizieren. Die Themen werden mit den Klienten festgelegt. Entsprechend ist ihre Aktualität, Hilfestellung und Realisierung auf die Adressaten abgestimmt.

Die drei Elemente "Berufswahl/ Berufsfeld", "Berufliche Grundbildung/ Berufskunde (Grundbegriffe, Realbegegnungen)" und "Vorberufliche Sozialisation (Elternhaus, Familie, Freundes-/Kollegenkreis; Unterricht - Beratung)" verlangen eine situationsspezifische Handhabung. Dazu dient das didaktisch-methodische Repertoire vorberuflicher Bildung.

Ohne eine Kooperation mit dem AMS und den Sozialpartnern sowie den Bildungsinstitutionen der Sekundarstufe II (BS; BMS, BHS) ist der Kurs nicht durchführbar.

Das Leistungs- und Förderprinzip ergänzen in der Vorberuflichen Bildung einander. Damit wird auch dem diakonischen Prinzip evangelischer EB Rechnung getragen.

Literaturhinweis/ Auswahl:

Beinke L. (2006): Berufswahl und ihre Rahmenbedingungen. Entscheidungen im Netzwerk der Interessen, Frankfurt/M. - Berlin - Bern - Bruxelles - New York - Oxford - Wien

Decker F. (1981): Berufswahl, Berufsvorbereitung und Berufsberatung im Unterricht. Ein Handbuch zur Didaktik der vorberuflichen Bildung und beruflichen Grundbildung, Braunschweig

Dichatschek G. (2008a): Aspekte der vorberuflichen Bildung in Schule und Hochschule, in: Erziehung und Unterricht 5 -6/2008, 445-451

Dichatschek G. (2008b): Geschichte und Theorieansätze der politischen Bildung/ Erziehung in Österreich - unter besonderer Berücksichtigung vorberuflicher Bildung/Erziehung. Master Thesis: Universitätslehrgang Master of Science - Politische Bildung, Universität Klagenfurt/Fakultät für Kulturwissenschaft

Döring K.W. (2008): Handbuch Lehren und Trainieren in der Weiterbildung, Weinheim - Basel

Klippert H. (1991): Berufswahlunterricht. Handlungsorientierte Methoden und Arbeitshilfen für Lehrer und Berufsberater, Weinheim-Basel?

Ostendorf H. (2005): Steuerung des Geschlechterverhältnisses durch eine politische Institution. Die Mädchenpolitik der Berufsberatung, Opladen

Politische Bildung - Migration/ Vortrag bzw. Gespräch Evangelische Hochschulgemeinde Klagenfurt (2009)- VHS Zell/See "Freude am Lernen"(2011-2013)- Zusammenfassung

2.5.2 Politische Bildung - Lehre - Kurs

Ausgehend von der Ausgangssituation der Politischen Bildung/ Erziehung in Österreich erkennt man ein Defizit im pädagogischen Standort.

Politische Bildung/ Erziehung hat keine historischen Wurzeln. Im Gegensatz zu Deutschland wurden nach 1945 keine Maßnahmen für eine "re - education" gesetzt. Dies spielt eine Rolle für die späte Implementierung der Politikwissenschaft. Es fehlt auch eine Parallele zur "Bundeszentrale für politische Bildung" mit den Landeszentralen.

Als eigenständiger Fachbereich mit einer Zwischenstellung von Erziehungs- bzw. Bildungswissenschaft, Kulturwissenschaften, Kultur- und Sozialanthropolgie/anthropologische Migrationsforschung, Ethnologie, Ökonomie, Ökologie, Medienkunde und Politikwissenschaft wird Politische Bildung - nur bedingt - für eine Stärkung der Demokratie angesehen.

Entsprechend haben in Österreich die politischen Parteien ihre beherrschende Rolle in der politischen Sozialisation übernommen. Eine solche Politische Bildung gerät in den Verdacht der Ideologisierung oder (gar) Indoktrination.

Im Gegensatz dazu gibt es in Deutschland den "Beutelsbacher Konsens" (1976) mit den drei Grundsätzen

- des "Überwältigungsverbotes" (kein Zwang der Meinung durch den/die Lehrenden)

- des "Kontroversitätsgebotes" (kontroverse Sachverhalte müssen kontrovers diskutiert werden können) und

- der "Schülerorientierung" bzw. "Teilnehmerorientierung" (altersstufengemäß, eigene Interessenslage) (vgl. SANDER 2007, 18, 128; SCHERB 2010, 31-39).

In Österreich gibt es ab 1978/ 1994 einen Grundsatzerlass zur Politischen Bildung als Unterrichtsprinzip in allen Schulformen (Erlass des Bundesministers für Unterricht und Kunst vom 11.4.1978, Zl.33.464/6-19a/197; vgl. WOLF 1998, 45-48).

Politische Bildung hat sich mit Besonderheiten des Fachbereichs zu beschäftigen.

- Differenzierung von politischem Alltagswissen und politischen Begriffen/ Inhalten

- Politische Sozialisation findet etwa in Familie, Schule, peer groups und Medien sowie sozialen Gruppierungen statt. Der Staat besitzt das Machtmonopol.

- Neben dem Monopol der Macht gibt es Konflikte, Mangel an Gütern und Phänomene von Knappheit.

Der Teilbereich Politikwissenschaft hat sich mit den folgenden Dimensionen zu beschäftigen:

- Policy: Inhalte, Wünsche, Bedürfnisse/Gestaltung - Ziele, Programme und Maßnahmen/einzelne Politiken (Gesundheit, Soziales, Verkehr, Landwirtschaft..)

- Politics: Beschreibung der politischen Prozesse, Prozeduren, Willensbildungen und Entscheidungsprozesse - Arten der Konfliktanstrengungen und Konsensbildungen, Kampf um Macht; Schlüsselfrage: Welche Akteure stehen im Mittelpunkt? Welche Mitwirkungschancen, Konfliktlinien und Interessenslagen sind vorhanden?

- Polity: beschreibt die formale Dimension (Verfassung und Institutionen sowie Normen und Werte); Schlüsselfrage: Welche Gesetze und Institutionen mit welchen Kompetenzen spielen eine Rolle?

Fallen von Politischer Bildung sind in der Schule die Kombination des Fachbereiches mit anderen Fächern (etwa Geschichte - Sozialkunde und Geographie - Wirtschaftskunde/ Schulautonomie?) sowie die Stellung als Unterrichtsprinzip.

Nur in der Polytechnischen Schule/ APS und Berufsschule/ BBS ist Politische Bildung ein eigenständiges Fach (ohne Lehramt).

An der Universität Wien gibt es ein Department für Politische Bildung (bis 2012) sowie ein Didaktikzentrum sowie in der Unterrichtsverwaltung im Unterrichtsministerium eine Abteilung und das zentrum polis mit der Aufgabe der Bereitstellung von Unterrichtsmaterialien.

In der Erwachsenenpädagogik wird Politische Bildung als Lehraufgabe benannt, aber unverbindlich praktiziert.

In der Didaktik gibt es die

- Wissensfalle mit der Vermittlung von reinem Wissen, womit der Problemgehalt von Politik verschwindet.

- Moralfalle mit Politischer Bildung als "Schwafelfach", wobei die Gefahr einer moralische Sichtweise mit dem Hang zu Personalisierung und Skandalisierung sowie einem Trend zur Empörung statt Analyse gegeben ist.

- Kontextfalle mit dem Verschwinden des Problemgehaltes. Vorrangig ist eine Beurteilung durch Fachwissen und die

- Parallelisierungsfalle mit Erfahrungen und Deutungen aus dem Alltag und dem Mangel an der Möglichkeit des Hinterfragens.

Kompetenzen der Lehrenden wären demnach eine Urteils- und Handlungsfähigkeit mit Kenntnis von fachspezifischer Methodik/Didaktik sowie der Fach-, Personal-, Sozial-, Handlungs- und Urteilskompetenz.

Fachwissen und Fachdidaktik bedingen sich gegenseitig und benötigen fachwissenschaftliche Elemente, etwa aus der Politikwissenschaft, Medienwissenschaft, Zeitgeschichte, Ökonomie, Umweltkunde, Gesundheitswissenschaft und Bildungswissenschaft (Methodik - Didaktik).

Lehrende müssen ihr Wissen interdisziplinär verbinden können, auf aktuelle Fragestellungen und Problemlagen anwenden können, damit die konkrete Lebensrealität der Lernenden angesprochen werden kann (vgl. SANDER 2007).

Demokratie braucht Politische Bildung. Demokraten werden nicht geboren. Demokratie lebt von Mitbestimmung und Mitverantwortung.

Politische Bildung hat die Aufgabe, entsprechende Kompetenzen zu vermitteln: kognitiv das Fachwissen, affektiv Einstellungen und Einsichten und pragmatisch Verhaltensweisen zu erziehen ("civic education"/EU), um zu einem verantwortungsvollen Handeln zu führen. Ziel ist der/die mündige Bürger/in, pragmatisch wird man wohl von politischem Interesse sprechen müssen.

Literaturhinweis/ Auswahl:

Esterl U. - Wintersteiner W. (Hrsg.) (2008): Politische Bildung, Heft 4/2008, 32. Jahrgang, Innsbruck - Wien - Bozen

Sander W. (Hrsg.) (2007): Handbuch politische Bildung, Bundeszentrale für politische Bildung, Schriftenreihe Bd. 476, Bonn

Wolf A. (Hrsg.) (1998): Der lange Anfang. 20 Jahre "Politische Bildung an den Schulen", Wien

2.5.3 Migration- Vortrag - Kurs

Hintergrund einer Bearbeitung der Migrantenproblematik ist

1 die Vermeidung von Gewaltphänomenen,

2 die Förderung einer zeitgemäßen gesellschaftlichen Integration mit einer Bearbeitung kulturell - religiöser Aspekte unter Beachtung migrationspädagogischen Elemente und

3 Hinweise für bildungspolitische Konsequenzen.

Österreich hat eine lange Tradition im Zusammenleben verschiedener Ethnien. Wien ist historisch multikulturell. Benötigt wird ein Einwanderungskonzept auf nationaler und EU - Basis.

Nach 1945 kam es zu bedeutenden Migrationsbewegungen in Österreich mit Flüchtlingen auf Grund des Zweiten Weltkrieges, 1956 den Ungarnflüchtlingen, 1964 der Anwerbung türkischer und 1966 der Anwerbung jugoslawischer Arbeitskräfte, 1968 Flüchtlingen des "Prager Frühlings", 1980 Flüchtlingen der Aufstände in Polen und letztlich dem Versuch einer gesetzlichen Regelung 1976 mit dem Ausländer - Beschäftigungsgesetz und 1989/90 der Einreise - Einzugsregelung/ TU -YU.

Entsprechend spricht man von einer 1. Generation ("Gastarbeiter"), einer 2. Generation, einer "between"-Generation (Kinder/Jugendliche, die während der Schul- bzw. Ausbildungszeit nach Österreich kamen) und einer 3. Generation (Kinder der 2. Generation).

Unter religiös - kulturellen Aspekten entstanden christliche Migrationsgemeinschaften, hauptsächlich in Wien: ca. 30 fremdsprachige katholische Gemeinden und serbisch - orthodoxe, russisch - orthodoxe, koptische, syrisch - orthodoxe sowie äthiopisch - orthodoxe Gemeinden.

Nach Artikel 25 Kirchenverfassung i.d.g.F. kommt es zur Bildung von "Personalgemeinden" in der Evangelischen Kirche (u.a. Koreanische -, Finnische -, Schwedische -, Ungarische -, Ghanaische -, Japanische -, Taiwanesische- und Afrikaans Evangelische Gemeinde).

1912 kam es zu einem eigenen Islamgesetz, 1979 zur Gründung der "Islamischen Glaubensgemeinschaft in Österreich" und 1989 zur Anerkennung der Sunnitischen und Schiitischen Rechtsschulen durch den Obersten Gerichtshof. In Österreich gibt es über 150 Moscheen/ Gebetsstätten, zumeist als "Kulturvereine" organisiert. Durch die staatliche

Anerkennung gibt es islamische Bildungseinrichtungen mit konfessionellem Status (und staatlicher Schulaufsicht).

Mit der Diskussion um die Aufnahme der Türkei in die EU ist der Islam öffentlich in das Interesse gerückt (vgl. die Kopftuch - Debatte ohne Relevanz in Österreich, Parallelgesellschaften im EU - Vergleich in Österreich unauffällig). Bezeichnend ist die Unwissenheit über Islam/ Koran auf Seiten der Nicht-Muslims?, auf Seiten der Muslims das Desinteresse an der Religion/ Weltanschauung der österreichischen Wohnbevölkerung.

Nur in der Schule gibt es eine geregelte Sprachpolitik in Form von "Deutsch als Zweitsprache", "Muttersprachlichem Unterricht"/ Bikulturalität und dem Unterrichtsprinzip "Interkulturelles Lernen". Eine Sprachförderung für Migrationskinder mit Eltern wurde im Bundesland Vorarlberg begonnen.

Eine spezifische Beratung für Migrantinnen und Migranten gibt es in Wien und den Landeshauptstädten (mit Mädchenberatung). In ländlichen Regionen versucht das Arbeitsmarktservice/ AMS mit gezielter Beratung zu helfen.

Das pädagogische Prinzip der Transkulturalität betont im Gegensatz zur Interkulturalität - mit dem Kennzeichen der Betonung von Differenzen/ Unterscheidungen - Gemeinsamkeiten, Anschlussmöglichkeiten und Fremdverstehen. Der Terminus bezeichnet eine Kulturgrenzen überschreitende Kooperation und Gestaltung von EB/ WB.

Transkulturalität kann demnach sowohl Kennzeichen transnationaler Staatenbünde als auch benachbarter Regionen oder verschiedenster Bevölkerungsgruppen innerhalb einer nationalstaatlichen Gesellschaft/ Minderheit sein. Von Bedeutung ist die heutige Durchmischung von Kulturformen unterschiedlicher Landeskulturen. Ziel ist ein Erreichen einer entsprechenden Handlungskompetenz für das Individuum (vgl. WELSCH 1997, 67-90; DATTA 2005; ROBAK 2009, 138; ESS 2010; FLEIGE 2009, 170 und 2011, 49). Transkulturelle Kompetenz gewinnt angesichts der laufenden Pluralisierungsprozesse an Bedeutung. Kulturelle Vielfalt, unterschiedliche Werte und Normen bedürfen qualifizierter Basisqualifikationen, also eines Fachwissens, einer geordneten Lebens- und Erfahrungswelt, einer Motivation und der Einbeziehung persönlicher Interessen.

Der Wert von Bildung steigt zunehmend in der Gesellschaft, d.h. schulische und berufliche (Aus-) Bildung entscheidet über die Lebensqualität. Vorberufliche Bildung/ Erziehung ("Berufsorientierung") mit Unterricht, Realbegegnungen und Beratung sind Lebenshilfen und Lebensberatung. Die Studie "Analyse der Kunden/innen - Gruppe/ Jugendliche mit Migrationshintergrund am Wiener AMS Jugendliche" (AMS Wien 2007) weist auf ein Überdenken der bisherigen Maßnahmen hin. So stammen 66 Prozent der arbeitslosen Heranwachsenden aus Zuwandererfamilien. Große Nachteile durch Sprachdefizite hat die zweite Generation. Die Deutsch - Noten stimmen nicht mit den tatsächlichen Sprachkenntnissen überein. Äußerliche Merkmale diskriminieren Heranwachsende bei der Kontaktaufnahme mit künftigen Arbeitgebern. Traditionsbewusste Migrantenvereine hemmen mitunter bei der Laufbahnplanung (Mädchen). Eltern (wie Kinder) haben mitunter ein niedriges Bildungsniveau.

Notwendig ist eine zusätzliche Ausbildung/ Schulung für AMS - Mitarbeiter/innen.

Vorberufliche Bildung für Migranten benötigt Migranten/innen als Berater/innen, mehrsprachige Folder/Filme und Netzwerke für Migranten. Folgerungen wären etwa eine Stärkung der Ressourcen bei der Ausbildung, im Beruf, in Familien, Nutzung der Zwei- bzw. Mehrsprachigkeit und Karriereplanung, Aufbau von Jugendaktivitäten mit inter -ethnischen Freundschaften und einer realistischen Auseinandersetzung mit den Gegebenheiten wie Ethnie - Kultur, Religion und Nationalität. Ebenso notwendig ist ein Abbau von Sprachbarrieren, Erkennen gemeinsamer Interessen/ "Transferstellen", Strategien von Ausgrenzungserfahrungen/Abbau von Rassismus, der Respekt von Unterschieden und letztlich eine Aufwertung der Migrationspädagogik (vgl. PRIEL 2001, 2006; MECHERIL 2004; GÖHLICH 2006).

Literaturhinweis/Auswahl:

Amt und Gemeinde (2010): Schwerpunktnummer "Migration einst und heute", Heft 3/2010

Aslan E. (Hrsg.) (2009): Islamische Erziehung in Europa, Kap. "Muslime in Österreich und das Modell Österreich", Wien - Köln - Weimar, 325-350

Boss - Nünning U./ Karakasoglu Y. (2005): Viele Welten leben. Zur Lebenssituation von Mädchen und jungen Frauen mit Migrationshintergrund, Münster - New York - München - Berlin

Datta A. (Hrsg.) (2005): Transkulturalität und Identität. Bildungsprozesse zwischen Exklusion und Inklusion, Frankfurt/M.

Eß O. (Hrsg.) (2010): Das Andere lehren. Handbuch zur Lehre Interkultureller Handlungskompetenz, Münster - New York -München - Berlin

Fischer V. - Springer M. (Hrsg.) (2011): Handbuch Migration und Familie. Grundlagen für die Soziale Arbeit mit Familien, Schwalbach/ Ts.

Hempelmann R. (Hrsg.) (2006): Leben zwischen den Welten. Migrationsgemeinschaften in Europa, EZW - Texte Nr. 187/2006, Berlin

3 Bildungspolitische Aspekte für eine EB/ WB in der EU

Grundsätzliche bildungspolitische Aktivitäten der EU finden sich

1 im Weißbuch "Wachstum, Wettbewerbsfähigkeit, Beschäftigung - Herausforderungen der Gegenwart und Wege in das 21. Jahrhundert" (1993) mit der Bezeichnung der Probleme eines Mangels an wissenschaftlichen Qualifikationen, der hohen Zahl junger Menschen ohne Grundbildung, einem unzureichendem Ausbau der Weiterbildung und Zugangs zu der Weiterbildung sowie einem mangelhaften Angebot offenen Unterrichts und der Fernlehre.

2 Im Weißbuch "Lehren und Lernen - auf dem Weg zur kognitiven Gesellschaft" (1995) geht man von den angeführten Problembereichen aus und empfiehlt eine Verbesserung der Beschäftigungsfähigkeit("employability") als zentrales Anliegen einer Bildungs- und

Berufsbildungspolitik durch (Weiter-)Bildung zu machen. Stichworte sind hier Schlüsselkompetenzen und Mobilität in der Ausbildung.

1996 kommt es zur Ausrufung des "Europäischen Jahres des lebensbegleitenden Lernens". Auf Grund der bisherigen Analysen und künftigen Zielsetzungen werden Schlussfolgerungen in Form von Entwicklungsfeldern benannt, die Positionen für ein lebensbegleitendes Lernen definieren (allgemeines Schulwesen, wirtschaftliche und gesellschaftspolitische Relevanz von Bildung, allgemeine und berufliche Fort- und Weiterbildung, Übergänge/Verbindungen zwischen allgemeiner und beruflicher (Aus-) Bildung, Zugang zu Bildung, Anrechenbarkeit von Kompetenzen und Weiterbildung von Lehrenden).

3 als Höhepunkt einer diskursiven EU - Bildungspolitik im "Memorandum über Lebenslanges Lernen" (2000) mit der Benennung potenzieller Partner wie dem Bund, den Bundesländern und Gemeinden, den Betrieben, den Sozialpartnern, Bildungseinrichtungen mit ihren Zusammenschlüssen, den Parteien und Einzelpersonen (vgl. NUISSL - LATTKE - PÄTZOLD 2010, 27-29). Ziel ist, Europa zum leistungsfähigsten Wissensraum im globalen Wettbewerb zu machen. Im Memorandum heißt es zudem, dass Bildung im w.S. der Schlüssel sei, um lernen und begreifen zu können, wie mit der kulturellen, ethnischen und sprachlichen Vielfalt umzugehen ist und wie das Individuum den hohen und komplexen Anforderungen des politischen und sozialen Umfelds begegnen kann (vgl. EUROPÄISCHE KOMMISSION 2000, 6).

Ebenso werden als "gleichermaßen wichtige Ziele" des lebensbegleitenden Lernens die Förderung der aktiven Staatsbürgerschaft ("active citizenship") und die Förderung der Beschäftigungsfähigkeit benannt (vgl. dazu die Ziele der Politischen Bildung). Als zentrale Bildungsfragen gelten demnach ein umfassender und ständiger Zugang zum Lernen als Teilhabe an der "Wissensgesellschaft", eine Erhöhung der Investitionen in Humanressourcen, die Entwicklung effektiver Lehr- und Lernmethoden und Lernkontexte für ein lebensbegleitendes Lernen, bessere Methoden zur Bewertung von Lernbeteiligung und Lernerfolg (vor allem bei non-formalem und informellen Lernen), die Gewährleistung eines besseren Zugangs zu hochwertigem Informations- und Beratungsangebot über Lernmöglichkeiten und eine Schaffung von Möglichkeiten für lebensbegleitendes Lernen in unmittelbarer Nähe mit Nutzung der neuen Techniken (vgl. NUISSL - LATTKE - PÄTZOLD 2010, 31-32).

Es versteht sich von selbst, dass es hier um mehr als Erwachsenen- und Weiterbildung geht, erkennt man doch das von der EU eingeforderte formale, non - formale und informelle Lernen und berufliche, allgemeine, politische und kulturelle Elemente.

Unter der Maßgabe der Freiwilligkeit und der Unterschiedlichkeit der Umsetzung durch die Mitgliedsstaaten ("Methode der offenen Koordinierung"/ EU 2000) kommt es zu einer eigenen Dynamik in der EU (Nord- und Westeuropa vs. Osteuropa).

3.1 Förderungspolitische Ebene

In der förderpolitischen Ebene wurden in der dritten Phase ab 2007 die Programme LEONARDO und SOKRATES in einem gemeinsamen Programm für lebenslanges Lernen zusammengefasst (PLL/ 2007-2012). Das Teilprogramm GRUNDVIG befasst sich demnach mit "EB", Querschnittsprogrammen mit politischer Zusammenarbeit/Innovation, Sprachen, neuen Technologien, Verbreitung und Nutzung von Ergebnissen europäischer Integration.

Leistungen der Programme sind ein europäischer Mehrwert (EU - Kooperation), Innovationen (neue Möglichkeiten für Zielgruppen, Lehrende/Anbieter, Vernetzung, Nutzung von Potenzialen an Wissen, Erfahrungen und Kapazitäten), Übertragbarkeit (Transfermöglichkeiten) und Nachhaltigkeit (dauerhafte Nutzbarkeit mit Einfluss auf die EU -Erwachsenenbildungsdiskussion). Defizite zeigen sich nach wie vor in der geringen Verbreitung, bei Sprachproblemen und unterschiedlichen Weiterbildungssituationen in den nationalen Bereichen (vgl. NUISSL - LATTKE - PÄTZOLD 2010, 36).

3.2 Nachfolgestrategie 2020

Die bis 2020 reichende Nachfolgestrategie "Europa 2020" mit dem Ziel, die Wirtschafts- und Finanzkrise zu überwinden, besitzt auch einen bildungspolitischen Rahmen. Die vier strategischen Ziele mit breiten Handlungsmöglichkeiten und Maßnahmen mit der Kurzbezeichnung "ET 2020" ("education and training") bilden das inhaltliche Gerüst einer künftigen EU - Bildungspolitik.

1 Verwirklichung des lebensbegleitenden Lernens (Schaffung - Umsetzung, Europäischer Qualifikationsrahmen, flexible Lernwege und Übergänge zwischen den Bildungsbereichen, Anerkennung von Lernergebnissen, Förderung der EB/ WB und der Beratungssysteme, bessere Gestaltung des Lernens und Ausweitung der Mobilität der Akteure)

2 Verbesserung von Qualität und Effizienz der Allgemeinen und Beruflichen Bildung (Verbesserung der Schlüsselkompetenzen, Sprachkompetenz und Unterrichtsqualität sowie Verwaltung und Leitung von Bildungseinrichtungen, angemessene Grund- und Fortbildung für Lehrkräfte, Steigerung der Attraktivität von Lehrberufen, wirksame Qualitätssicherungssysteme und Förderung der Methodenvielfalt)

3 Förderung der Gerechtigkeit, des sozialen Zusammenhalts und aktiven Bürgersinns (Erwerb von Kenntnissen und Kompetenzen, gezielte Maßnahmen für Personen mit Benachteiligungen und Migrationshintergrund, Bildungsangebote für Kleinkinder und Förderung von integrativer Bildung, interkultureller Kompetenzerwerb, Achtung der Grundwerte - Umwelt - demokratische Werte/ Normen und Bekämpfung von Diskriminierung)

4 Förderung von Innovation und Kreativität sowie unternehmerischem Denken (Erwerb von bereichsübergreifenden Schlüsselkompetenzen/ IT, Lernkompetenz, Kulturbewusstsein; Funktion des Wissensdreieck/ Trias Bildung - Forschung -Innovation/ Partnerschaften, Ausrichtung des Lernens auf arbeitsmarktförderliche Kompetenzen und Qualifikationen und Erzeugung eines Klimas für bessere berufliche Anforderungen - soziale Bedürfnisse - persönlichem Wohl des Einzelnen/ Lerngemeinschaften mit Interessensgruppierungen).

3.3 Kritische Reflexion

Kritisch vermerkt wird von pädagogischer Seite die starke Ausrichtung der bildungspolitischen Inhalte und Ziele an Wirtschafts- und Arbeitsmarktinteressen. Beklagt wird die Betonung von (Weiter-) Bildung und lebensbegleitendem Lernen mit Blick auf die Entwicklung von "employability", die ökonomische Ausrichtung in Verbindung mit globaler Bildung und der Vernachlässigung anderer Ziele aus gesellschaftlicher und individueller Sicht wie die Ermöglichung von sozialer Teilhabe und persönlicher Entfaltung (vgl. u.a. soziale -, politische - und kulturelle Kompetenz; SCHEMMANN 2007, 159, 226, 233-240).

Allerdings betont fast jedes EU - Dokument auch den sozialen Zusammenhalt, demokratische Werte, allgemeine Bildungsmöglichkeiten/ -ziele und den interkulturellen Dialog sowie "active citizen" (vgl. NUISSL - LATTKE - PÄTZOLD 2010, 39-40).

Seit dem Jahr 2000 prägt das Paradigma des "Lebenslangen Lernens" die EU - Bildungspolitik. Die Kommission versteht darunter "[....]alles Lernen während des gesamten Lebens, das der Verbesserung von Wissen, Qualifikationen und Kompetenzen dient und im Rahmen einer persönlichen, bürgergesellschaftlichen, sozialen bzw. beschäftigungsbezogenen Perspektive erfolgt" (EUROPÄISCHE KOMMISSION 2001, 9).

Erscheint der Paradigmenwechsel zunächst für die EB/ WB günstig, so haben dennoch die bildungspolitischen Aktivitäten der EU für Schule, Hochschule/ Universität und berufliche Bildung einen höheren Stellenwert als die EB.

Mit der Kommissionsmitteilung "Erwachsenenbildung: Man lernt nie aus" (2006, 2007) werden Handlungsbereiche definiert wie Auswirkungen anderer Bildungsbereiche auf die EB, Qualitätsverbesserung des Angebots, Erreichen eines nächsthöheren Qualifikationsniveaus für Erwachsene, Anerkennung/Bewertung non-formalen und informellen Lernens und eine Verbesserung der Überwachung des Sektors EB (vgl. EUROPÄISCHE KOMMISSION 2006; 2007, 8).

Zunehmend gewinnt daher die EB/ WB seit einigen Jahren politische Aufmerksamkeit (vgl. BECHTEL - LATTKE - NUISSL 2005, SCHEMMANN 2007).

Die EU weist in der Mitteilung "Erwachsenenbildung: Man lernt nie aus" darauf hin, dass unter EB bzw. Weiterbildung nicht immer und überall in der EU dasselbe verstanden wird (vgl. EUROPÄISCHE KOMMISSION 2006, 2).

Geht man vom Alter aus, so schlägt die UNESCO vor, als Erwachsene jene anzusehen, die "zu Hause" als solche gelten (vgl. verschiedene Volljährigkeit in der EU; UNESCO 2010, 2).

Als Bildungsabschnitt im Verhältnis zu vorausgehenden Bildungsphasen ist allgemein die abgeschlossene Schulbildung zu verstehen. Nachgeholte Schulabschlüsse gehören in der Regel nicht zur EB, auch wenn die Absolventen mitunter Erwachsene sind. Ob die Hochschulbildung zur EB gehört, wird unterschiedlich bewertet. "Der Trend geht dabei in die Richtung, sie einzubeziehen" (NUISSL - LATTKE - PÄTZOLD 2010, 51; vgl. EUROPÄISCHE KOMMISSION 2006, 2).

Im förderpolitischen Kontext zum "Lebenslangen Lernen" wird EB explizit als nicht - beruflich definiert und steht damit der beruflichen (Aus- und Weiter-) Bildung gegenüber, was wiederum dem Trend der Programme und allgemein ausgerichteter Dokumente der EU - Bildungspolitik entspricht.

4 Ehrenamtlichkeit/ Freiwilligkeit in der Erwachsenenbildung

Will man die Ehrenamtlichkeit/ Freiwilligkeit in ihrem Wirkungskreis erhöhen, sollte man die Organisationsstruktur neu ausrichten. Es bedarf eines Freiwilligenmanagements in der Erwachsenenbildung, damit es zu gesellschaftlichen Aktivitäten kommen kann. Ziel ist eine lebendige Zivilgesellschaft mit Motivation und Engagement.

Der Workshop "Ehrenamt - Freiwilligkeit/ Freiwilligenkoordination" der Arbeitsgemeinschaft Ehrenamt des Rings Österreichischer Bildungswerke (22.-23.4.2013/Wien) mit der Teilnahme des "Evangelischen Bildungswerks in Tirol" zeigt an, dass in Fortsetzung des "Internationalen Jahres der Freiwilligkeit" (2001), des "Jahres der Ehrenamtlichkeit"(2011/Evangelische Kirche Österreich) und des Workshop - Diskurses anlässlich des Festaktes "40 Jahre Konferenz der Erwachsenenbildung Österreich - 5 Jahre Weiterbildungsakademie"/Strobl (2012) zur Freiwilligkeit/ Ehrenamtlichkeit in der Erwachsenenbildung die Diskussion und Rahmenbedingungen für eine Förderung des freiwilligen Engagements weiterhin zu führen sind (vgl. DICHATSCHEK 2012/2013, 688-692).

4.1 Notwendigkeit von besseren Förderstrukturen

Zwar bestehen gewisse Förderstrukturen - etwa Fortbildungen, Konferenzen, Tagungen, Workshops und Publikationen - trotzdem ist die Thematik noch nicht im Mainstream angekommen (vgl. REIFENHÄUSER - HOFFMANN - KEGEL 2009). Zivilgesellschaftliches Engagement als Ausdruck von Freiwilligkeit/ Ehrenamtlichkeit ist wenig verbreitet. Zwar spricht das Zahlenmaterial von Engagement - man denke an Freiwillige Feuerwehren, Musikkapellen, Sportvereine, Büchereien, Kulturvereine und soziale Hilfsorganisationen - aber im Bereich von Bildungswerken als Organisationen und Systeme mit einem spezifischen Auftrag fehlen Ressourcen/ Interessierte (vgl. DICHATSCHEK 2005b, 126-130).

Erwachsenenbildung als kirchliche Bildungsarbeit mit der Vermittlung eines theologischen Fundaments im Kontext eines erwachsenenpädagogischen Auftrages von Alltags- und Lebensorientierung, Kulturarbeit, Politischer Bildung und zunehmender Bedeutung von Interkultureller Bildung verfügt über wenig Engagierte. Insbesondere in Diasporagebieten gibt es Nachwuchsprobleme in einem gesellschaftlich wichtigen Lern- und Handlungsfeld, das es auszubauen gilt.

Als Grundlage für Fördermaßnahmen gilt ein Freiwilligenmanagement mit entsprechenden Rahmenbedingungen, Gewinn von Fachlichkeit und Möglichkeiten der Mitgestaltung und Mitbestimmung.

IT - Hinweis: "Freiwilligenarbeit: Jeder Zweite engagiert sich" >
http://oesterreich.orf.at/stories/2586070 (27.5.2013)

4.2 Freiwilligenmanagement

Freiwilligenmanagement ist Planung, Organisation, Koordination, Kooperation, Evaluation und Vernetzung von freiwilligem Engagement.

In Bildungswerken als Institutionen einer "Evangelischen Erwachsenenbildung/ EEB" findet dies in organisierter Form statt, auf Grund des staatlichen Vereinsgesetzes, kirchlicher Ordnung und einer gesamtösterreichischen erwachsenenpädagogischen Vernetzung. Zu vermerken ist die Verbindung von staatlichem Vereinsgesetz und kirchlicher Ordnung, weil hier zwei rechtliche Zuständigkeiten mit erhöhtem verwaltungstechnischen Aufwand auftreten.

Ziel ist eine nach der schulischen und erstberuflichen Ausbildung notwendige Förderung von Wissen, Fertigkeiten, Haltungen, Erfahrungen und Kompetenzen.

Für ehrenamtlich Engagierte bietet sich die *Chance*,

ihren Eigeninteressen nachzugehen,

sich weiter zu qualifizieren,

Sinn und Wert in einem Engagement zu finden,

Interessierte kennen zu lernen und

sich einbringen zu können.

Damit ergeben sich *Anforderungen* an Ehrenamtliche/ Freiwillige wie

eine Abgrenzung von Freiwilligenarbeit von der Tätigkeit Haupt- und Nebenberuflicher,

der Kooperation zwischen Haupt- und Ehrenamtlichen,

Unterstützungssystemen,

Qualifizierungsangeboten und

einer Anerkennungskultur.

All dies ist *ausbaufähig*, wie dies das Beispiel von Evangelischen Bildungswerken in Verbindung mit der "Arbeitsgemeinschaft Evangelischer Bildungswerke in Österreich" zeigt. Als gesamtösterreichische Dachorganisation mit der Mitgliedschaft im "Ring Österreichischer Bildungswerke" ist eine zeitgemäße Struktur mit Präsenz und Mitarbeit in der Allgemeinen Erwachsenenbildung, Freiwilligenmanagement, Mitarbeiterfortbildung/ Weiterbildung, Öffentlichkeitsarbeit und eine entsprechende Positionierung in der Evangelischen Kirche (vermehrt) anzustreben.

4.3 Zielvoraussetzungen - Ziele

In der Regel fehlt eine Ausrichtung von Zielvoraussetzungen und Zielen bei diesem Engagement. In diesem Zusammenhang erkennt man einen Strukturwandel des Ehrenamtes bzw. der Freiwilligkeit im Sinne einer Gemeinwohlorientierung (vgl. BEHER - LIEBIG - RAUSCHENBACH 2000).

Leitbilder mit notwendigen Ergänzungen, Förderung von Rahmenbedingungen, Qualitätskriterien und die Zuweisung von Aufgabengebieten zeigen an, dass freiwilliges Engagement weder umsonst noch kostenlos ist. Engagementförderung bedarf klarer Strukturierung und ist als Prozess und keinesfalls als starres System zu verstehen.

Ein solcher Prozess beginnt mit einer

Bedarfseinschätzung,

Aufgabenentwicklung,

Gewinnung von Interessierten,

Gesprächen,

Phasen der Einarbeitung bzw. Ausbildung und

Begleitung mit Unterstützung.

Evaluation und Wertschätzung vervollständigen ein Freiwilligenengagement/Ehrenamt.

Anzustreben ist ein passendes System von Förderung und Aufstiegsmöglichkeiten sowie Persönlichkeitsentwicklung.

Anregungen, Austausch und Bewertung sind notwendige ergänzende Elemente.

Nationale und EU - Netzwerkbildungen sind anzustreben.

4.4 Reflexion des Workshops

In einem Workshop arbeiten in der Regel gleichberechtigte und gleichkompetente Fachleute in einer begrenzten Zeitspanne an einer gemeinsamen Fragestellung. In diesem Workshop ging es um die gesamtgesellschaftliche Bedeutung von Freiwilligenmanagement.'''

Unabhängig von der Notwendigkeit zeigen sich Grenzen im Zeitrahmen und einer Ausbildung, besonders für verantwortungsvolle Tätigkeiten. Die Notwendigkeit und Bedeutung einer internen und externen Anerkennung für freiwillige Tätigkeiten wird deutlich, weil es um öffentliche Bildungsarbeit in einem gesamtgesellschaftlichen Kontext geht.

Kompliziert ist die Aus-, Fort- und ggf. Weiterbildung, weil im Regelfall nur kurzfristige Aktivitäten angenommen werden und entsprechende Bildungsangebote zeitlich und finanziell auf Schwierigkeiten stoßen.

Für die Erwachsenenpädagogik mit den Möglichkeiten an der "Weiterbildungsbildungsakademie Österreich" erscheint eine entsprechende Personal- und Finanzausstattung überlegenswert. An Beispielen einzelner Bundesländer zeigt es sich, dass kostengünstige Lehrgänge auch regional angeboten werden. Dies könnte durchaus auch für eine interne Aus- bzw. Fortbildung Ehrenamtlicher/ Freiwilliger nützlich sein und anerkannt werden.

Von Interesse sind die Angebote des Bundesinstituts für Erwachsenenbildung (Strobl), verschiedene berufsbegleitende Universitätslehrgänge mit dem entsprechenden Lehrgang für Erwachsenenbildung und die Weiterbildungsakademie Österreich/ wba (Wien).

Zum Freiwilligenmanagement gehören bestimmte Aufgaben.

Ziele müssen definiert sein, Leitbilder müssen Aussagen zur Bedeutung von freiwilligem Engagement enthalten.

Das Engagement sollte Entfaltungsmöglichkeiten anbieten können.

Dazu und zu Inhalten - deren Umsetzung und Rahmenbedingungen - bedarf es umfassender Informationen.

Professionelle Regelungen ergänzen ein sinnvolles Engagement.

Fachliche Begleitung und Unterstützung müssen entsprechen.

Eine Verbindung von Arbeit und Lernprozess sollte gefördert werden.

Qualifizierungsangebote sind eine wesentliche Form der Anerkennung.

Plädiert wird für qualifizierte Nachweise, die möglicherweise für ein berufliches Fortkommen genutzt werden können.

Anerkennung von Tätigkeit erkennt man - unabhängig von Zertifikaten, Urkunden, Dankschreiben und dem notwendigen Gemeinschaftserlebnis - auch an einem externen Engagement in kultureller und gesamtgesellschaftlicher Beteiligung. Diese Form einer öffentlichen Aktivität gilt als ideale Form von zivilgesellschaftlichem Engagement und einer gesamtgesellschaftlichen Anerkennung.

Regelmäßige Öffentlichkeitarbeit dokumentiert zudem ein Engagement.

Engagierten sollte ein umfassendes Handlungs- und Lernfeld angeboten werden - für persönliche Entwicklung, den Erwerb von Fachkompetenz und die Einbindung im öffentlichen Engagement (vgl. KNOLL 2003).

Eine Einführung für Interessierte und die Begleitung mit Unterstützungsmaßnahmen sollte Aufgabe eines Freiwilligenkoordinators sein.

Ein so verstandenes Freiwilligenmanagement mit gesamtgesellschaftlichem Engagement stärkt

evangelische Erwachsenenpädagogik/ Erwachsenenbildung,

die Zivilgesellschaft und

kann Interessierten als Vorbild für ein künftiges Engagement dienen.

IT - Hinweis: http://www.aebw.at/rueckblick/ehrenamtlichkeit-der-erwachsenenbildung

5 Erwachsenenpädagogik und Hochschuldidaktik

Interessante Aspekte ergeben sich aus einer Verbindung von Erwachsenenpädagogik (EB/ WB), Hochschuldidaktik und unterrichtswissenschaftlichen Perspektiven (vgl. WAHL 2006, 7-8).

Inwieweit Hochschulbildung zur EB gehört/ zu gehören hat, wird unterschiedlich bewertet (vgl. NUISSL - LATTKE - PÄTZOLD 2010, 51).

1 Die Europäische Kommission versteht jedenfalls unter EB "[...]alle Formen des Lernens durch Erwachsene nach Abschluss der allgemeinen und/oder beruflichen Bildung, unabhängig von dem in diesem Prozess erreichten Niveau (d.h. einschließlich Hochschulbildung)" (EUROPÄISCHE KOMMISSION 2006, 2).

2 Hier erscheint eine wenig beachtete Schnittstelle vorhanden zu sein, die neu zu bewerten sein wird (siehe auch Punkt "Vorbemerkung").

In der Fortbildung von Lehrkräften wird eine Anbindung an die Universität hervorgehoben. Damit wird neben der Berücksichtigung des aktuellen Forschungsstandes auch eine solide bildungstheoretische Grundlegung gewährleistet (vgl. HERAN - DÖRR/ KAHLERT/ WIESNER 2007, 365). In diesem Zusammenhang ist die Einführung des "Universitätslehrganges EB - WB", Universität Klagenfurt/ Bundesinstitut für EB in ihrer Aufgabenstellung künftig von Interesse (leider 2022 beendet) (vgl. den IT - Autorenbeitrag zur Hochschuldidaktik > http://www.netzwerkgegengewalt.org > Index: Lehre an der Hochschule).

Im Rahmen von Weiterbildungsmaßnahmen erscheinen die bisherigen Erfahrungen mit Universitätslehrgängen auf eine Höherqualifizierung/ Kompetenzerweiterung einer kleinen Klientel hinzuweisen, wobei Spezialkenntnisse - man denke an Bildungs-, Management-, Rechts- und Gesundheitssegmente sowie Sprachen und Ethik - bedeutungsvoll für den Nachwuchs in akademischer Lehre und Spezialisierungen in Unternehmungen, aber auch für die künftige Gestaltung von EB/ WB sein sollten. Zugangsregelungen, eine Kommerzialisierung und der zeitliche Aufwand - belastend bei berufsbegleitender Weiterbildung, ggf. mit Freistellungen bzw. betriebsinternen Urlaubsregelungen - behindern (noch) das Interesse für universitäre Weiterbildung.

Außeruniversitäre Forschungseinrichtungen sollten sich vermehrt in der Lehre engagieren.

Am Beispiel Deutschlands, wo entsprechende Bemühungen anlaufen, sollte man in Österreich ebenso prüfen, wie diese Einrichtungen ihr Lehrangebot in der EB/ WB erweitern und letztlich auch die Universitäten und Fachhochschulen entlasten könnten (vgl. dazu INFORMATIONSDIENST WISSENSCHAFT, 11. Juli 2011: http://www.che.de/newsletter/link.php?linkid=7109 > 1.8.2012)

Festzuhalten ist, dass bei aller begrifflichen Vielfalt

1 EB sich auf Personen bezieht, die durch ein biographisches Kriterium ("erwachsen") näher bestimmt werden,

2 während WB den Bildungsweg als Kriterium aufweist.

Bei aller Verschiedenheit des Begriffsverständnisses in den einzelnen europäischen Dokumenten in ihrer Begriffs- und Ideenpluralität ist jeweils zu prüfen, ob ausschließlich berufliche Weiterbildung gemeint ist und in welchem Umfang zwischen formalem, non - formalem und informellem Lernen unterschieden wird (vgl. NUISSL - LATTKE - PÄTZOLD 2010, 52).

Literaturhinweise Teil I

Angeführt sind jene Titel, die direkt zitiert werden und/ oder für den Beitrag verwendet werden.

Amt und Gemeinde (2010): Schwerpunktnummer "Migration einst und heute", Heft 3/2010

Arnold R. - Nuissl E. - Rohs M. (2017): Einführung in die Erwachsenenbildung. Eine Einführung in Grundlagen, Probleme und Perspektiven, Baltmannsweiler

Axmacher D. (1990): Widerstand gegen Bildung - Zur Rekonstruktion einer verdrängten Welt des Wissens, Weinheim

Baethge M. (1999): Subjektivität als Ideologie. Von der Entfremdung in der Arbeit zur Entfremdung auf dem Arbeitsmarkt?, in: Schmidt G.(Hrsg.): Kein Ende der Arbeitsgesellschaft. Arbeit, Gesellschaft und Subjekt im Globalisierungsprozess, Berlin, 29-44

Bandura A. (1977): Social Learning Theory, New York

Bechtel M. - Lattke S. - Nuissl E. (2005): Porträt Weiterbildung Europäische Union, Bielefeld

Becker M. - Gracht H. von der (2014): Lernen im Jahr 2030 - Von Bildungsavataren, virtuellen Klassenräumen und Gehirn-Doping in der Führungs- und Fachkräfteentwicklung, Institute of Corporate Education, Berlin

Beer W. - Cremer W. - Massing P. (Hrsg.) (1999): Handbuch politische Erwachsenenbildung, Schwalbach/ Ts.

Beher K. - Liebig R. - Rauschenbach T. (2000): Strukturwandel des Ehrenamtes - Gemeinwohlorientierung im Modernisierungsprozess, Weinheim

Beinke L. (2006): Berufswahl und ihre Rahmenbedingungen. Entscheidungen im Netzwerk der Interessen, Frankfurt/M. -Berlin - Bern - Bruxelles - New York - Oxford - Wien

Bergauer A. - Dvorak J. - Stinner G. (2016): Zur Entwicklung der Erwachsenenbildung in Österreich nach 1945, Bd. 2 der Schriftenreihe "Wiener Moderne" des Instituts für Wissenschaft und Kunst(WK), Frankfurt/ M.

Bolder A. - Hendrich W. (2000): Fremde Bildungswelten. Alternative Strategien lebenslangen Lernens, Opladen

Bolder A. (2011): Das lebenslange Lernen, die Beteiligung daran und die Bildungspolitik. Und das lebenslange Lernen, die Beteiligung...., in: Holzer D. - Schröttner A. - Sprung A.

(Hrsg.) (2011): Reflexionen und Perspektiven der Weiterbildungsforschung, Münster - New York - München - Berlin, 53-66

Boronski F. (1986): 40 Jahre Heimvolksschule Bildungszentrum Jagdschloss Göhrde, Göhrde

Brauer M. (2014): An der Hochschule lehren. Praktische Ratschläge, Tricks und Lehrmethoden, Berlin-Heidelberg

Brödel R. - Nettke T. - Schütz J. (Hrsg.) (2014): Lebenslanges Lernen als Erziehungswissenschaft, Bielefeld

Busse von Colbe W. - Coenenberg A.G. - Kajüter P. - Linnhoff U. - Pellens B. (Hrsg.) (2011): Betriebswirtschaft für Führungskräfte. Eine Einführung für Ingenieure, Naturwissenschaftler, Juristen und Geisteswissenschaftler, Stuttgart

Bücker N. - Seiverth A. (2019): Erwachsenenbildung. Empirische Befunde und Perspektiven. Evangelische Bildungsberichterstattung, Bd. 3, Münster

Datta A. (Hrsg.) (2005): Transkulturalität und Identität. Bildungsprozesse zwischen Exklusion und Inklusion, Frankfurt/ M.

Detel W. (2007): Habermas und die Methodologie kritischer Theorien, in: Winter R. - Zima P.v. (Hrsg.): Kritische Theorie heute, Bielefeld, 177-202

Deutscher Bildungsrat (1970): Empfehlungen der Bildungskommission. Strukturplan für das Bildungswesen, Bad Godesberg

Dichatschek G. (2005a): Maßnahmen in der Lehrerbildung zur Verhinderung von Gewalt und Fremdenfeindlichkeit. Ein Beitrag zur politischen Bildung/ Erziehung in Österreich, in: Erziehung und Unterricht 3-4/2005, 357-367

Dichatschek G. (2005b): Theorie und Praxis evangelischer Erwachsenenbildung, in: AMT und GEMEINDE, Heft 7/8 2005, 126-130

Dichatschek G. (2007): Lebens- und Lernbedingungen von Kindern und Heranwachsenden in der EU. Ein Beitrag zur politischen und Menschenrechtsbildung im Rahmen von "Education for Democratic Citizenship", In: Erziehung und Unterricht 1-12/2007, 129-138

Dichatschek G. (2008a): Politische Bildung in Schloss Hofen - Rückblick, Rundblick und Ausblick eines Teilnehmers, in: Klepp C.-Rippitsch D. (Hrsg.) (2008): 25 Jahre Universitätslehrgang Politische Bildung in Österreich, Wien, 133-136

Dichatschek G. (2008b): Aspekte der vorberuflichen Bildung in Schule und Hochschule, in: Erziehung und Unterricht 5-6/2008, 445-451

Dichatschek G. (2008c): Geschichte und Theorieansätze der politischen Bildung/Erziehung in Österreich - unter besonderer Berücksichtigung vorberuflicher Bildung/Erziehung. Master Thesis: Universitätslehrgang MSc - Politische Bildung, Alpen-Adria Universität Klagenfurt/Fakultät für Kulturwissenschaft, Juni 2008

Dichatschek G. (2012/2013): Ehrenamtlichkeit in der Erwachsenenbildung, in: AMT und GEMEINDE, Heft 4, 2012/2013, 688-692

Dichatschek G. (2015): Mitarbeiterführung von Ehrenamtlichen, Saarbrücken

Dichatschek G. (2017): Erwachsenen- bzw. Weiterbildung. Ein Beitrag zu Theorie und Praxis von Fort- bzw. Weiterbildung, Saarbrücken

Dichatschek G. (2018): Theorie und Praxis Evangelischer Erwachsenenbildung. Evangelische Erwachsenenbildung bzw. Weiterbildung und Religionslehrerausbildung in Österreich - Politische Bildung, Saarbrücken

Dichatschek G. (2020): Erwachsenenpädagogik -Theorie, Praxis und Professionalität in Volkshochschulen und Weiterbildung, Saarbrücken

Dietrich St. (2001): Zur Selbststeuerung des Lernens, in: Dietrich St.(Hrsg.): Selbstgesteuertes Lernen in der Weiterbildungspraxis, Bielefeld, 19-28

Dobischat R./ Hufer Kl. - P. (Hrsg.) (2014): Weiterbildung im Wandel. Profession und Profil auf Profitkurs, Schwalbach/ Ts.

Döring K.W. (2008): Handbuch Lehren und Training in der Weiterbildung, Weinheim - Basel

Dummann K. - Jung K. - Lexa S. - Niekrenz Y. (2007): Einsteigerhandbuch Hochschullehre. Aus der Praxis für die Praxis, Darmstadt

Ehses Chr./ Heinen - Tenrich J./ Zech R. (2001): Das lernorientierte Qualitätsmodell für Weiterbildungsorganisationen, Hannover

Eis A. - Salomon D. (Hrsg.) (2014): Gesellschaftliche Umbrüche gestalten. Transformationen in der Politischen Bildung, Schwalbach/ Ts.

Engartner T. (2010): Didaktik des Ökonomie- und Politikunterrichts, Paderborn

Erler I. (2014): Erwachsenenbildung in Zeiten der Unsicherheit, in: Erler I. - Holzer D. - Kloyber Chr. - Schuster W. - Vater St. (Hrsg.): Wenn Weiterbildung die Antwort ist, was war die Frage?, Schulheft 156/2014, Innsbruck, 49-60

Eß O. (Hrsg.) (2010): Das Andere lernen. Handbuch zur Lehre Interkultureller Handlungskompetenz, Münster - New York -München - Berlin

Europäische Kommission (2000): Memorandum über lebenslanges Lernen. Materialien zur Erwachsenenbildung Nr. 1/2001, Bundesministerium für Bildung, Wissenschaft und Kultur, Wien 2001

Europäische Kommission (2001): Mitteilung der Kommission. Einen europäischen Raum des lebenslangen Lernens schaffen, Brüssel/21.11.2001, KOM (2001)678

Europäische Kommission (2006): Mitteilung der Europäischen Kommission. Erwachsenenbildung: Man lernt nie aus, Brüssel/23. 10.2006, KOM (2006)614

Europäische Kommission (2007): Mitteilung der Kommission an den Rat, das Europäische Parlament, den Europäischen Wirtschafts- und Sozialausschuss und den Ausschuss der Regionen: Aktionsplan Erwachsenenbildung. Zum Lernen ist es nie zu spät, Brüssel/27.9.2007, KOM (2007)558

Evangelische Arbeitsstelle Fernstudium im Comenius - Institut (2013/2014): Grundkurs Erwachsenenbildung, Frankfurt/ M.

Evangelischer Oberkirchenrat A. und H.B.: Kundmachung vom 24. März 1997, Zl. 2630/97 "Kommission für Bildungsarbeit/ Arbeitsauftrag der Bildungskommission"

Faltermaier T. - Mayring P. - Saup W. - Stremel P. (2002): Entwicklungspsychologie des Erwachsenenalters, Stuttgart

Faustich P. - Bayer M. (Hrsg.) (2006): Lernwiderstände. Anlässe von Vermittlung und Beratung, Hamburg, 26-38

Faustich P. - Zeuner Chr. (2001): Erwachsenenbildung und soziales Engagement, Bielefeld

Faulstich P. - Zeuner Chr. (2006/2008): Erwachsenenbildung. Eine handlungsorientierte Einführung in Theorie, Didaktik und Adressaten, Weinheim

Faulstich P. (2013): Menschliches Lernen. Eine kritisch - pragmatische Lerntheorie, Bielefeld

Festinger L. (2012): Theorie der kognitiven Dissonanz, Bern

Filla W. (2014a): Kritische Erwachsenenbildung - Kritik in der Erwachsenenbildung, in: Erler I. - Holzer D.- Kloyber Chr.- Schuster W. - Vater St. (Hrsg.): Wenn Weiterbildung die Antwort ist, was war die Frage?, in: Schulheft 156/2ß014, Innsbruck, 28-36

Filla W. (2014b); Von der freien zur integrierten Erwachsenenbildung. Zugänge zur Geschichte der Erwachsenenbildung in Österreich, Frankfurt/ M.

Fieldhouse R. (2004): Communita Education, in: Federighi P. - Nuisll E. (Hrsg.): Weiterbildung in Europa. Begriffe und Konzepte, Bonn, 37 > ▓ http://www.die-bonn.de/esprid/dokumente/doc-2000/federighi00_01.pdf (3.6.2013)

Finckh H.J. (2009): Erwachsenenbildungswissenschaft. Selbstverständnis und Selbstkritik, Wiesbaden

Fleige M. (2009): Diskurse über Lernkulturen in der Erwachsenenbildung und ihr Beitrag zur transkulturellen Bildungsarbeit, in: Gieseke W. - Robak S. - Wu - L. (Hrsg.) (2009: Transkulturelle Perspektiven auf Kulturen des Lernens, Bielefeld, 169-188

Fleige M. (2011): Lernkulturen in der öffentlichen Erwachsenenbildung. Theorieentwickelnde und empirische Betrachtungen am Beispiel evangelischer Träger - Internationale Hochschulschriften, Bd. 554, Münster

Forneck H.J. (2006): Selbstlernarchitekturen, Baltmannsweiler

Forneck H.J. (2009): Die Bildung erwachsener Subjektivität - Zur Gouvernementalität der Erwachsenenbildung, in: Giesecke W./ Robak S. /Wu M.- L. (Hrsg.) (2009): Transkulturelle Perspektiven auf Kulturen des Lernens, Bielefeld, 67-102

Forneck H.J. (2005): Ein parzelliertes Feld. Eine Einführung in die Erwachsenenbildung, Bielefeld

Gagel W. (2000): Einführung in die Didaktik des politischen Unterricht. Ein Studienbuch, Opladen

Gieseke W./ Robak S./ Wu M.-L. (Hrsg.) (2009): Transkulturelle Perspektiven auf Kulturen des Lernens, Bielefeld

Goeudevert D. (2001): Der Horizont hat Flügel. Die Zukunft der Bildung, München

Göhlich M. (2006): Transkulturalität als pädagogische Herausforderung, in: Zeitschrift für internationale Bildungsforschung und Entwicklungspädagogik 4/2006, 2-7

Gruber E. (2007): Alter und lebenslanges Lernen, in: Gruber E. - Kastner M. - Brünner A. - Huss S. - Kölbl K. (Hrsg.): Arbeitsleben 45plus. Erfahrungen, Wissen & Weiterbildung - Theorie trifft Praxis, Klagenfurt, 15-29

Gruber E. - Kastner M. - Brünner A. - Huss S. - Kölbl K. (Hrsg.) (2007): Arbeitsleben 45plus. Erfahrungen, Wissen & Weiterbildung - Theorie trifft Praxis, Klagenfurt

Gruber E. - Wiesner G. (Hrsg.) (2012): Erwachsenenpädagogische Kompetenzen stärken. Kompetenzbilanzierung für Weiterbildner/innen, Bielefeld

Gruber E. - Lenz W. (2016): Erwachsenen- und Weiterbildung Österreich, Bielefeld

Hacker W. (1986): Arbeitspsychologie - Psychische Regulation von Arbeitstätigkeiten, Bern

Hastedt H. (Hrsg.) (2012): Was ist Bildung. Eine Textanthologie, Stuttgart

Heckhausen H. (1989): Motivation und Handeln, Berlin

Heckhausen H. - Gollwitzer P.M. (1986): Information processing before and after the formation of an intent, in: Klix F. - Hagendorf H. (Hrsg.): Human Memory and cognitive capabilities: Mechanismen and performances, Amsterdam, 1071-1082

Hellmuth Th. - Klepp C. (2010): Politische Bildung. Geschichte - Modelle - Praxisbeispiele, UTB 3222, Wien - Köln -Weimar

Heran - Dörr E./ Kahlert J./ Wiesner H. (2007): Lehrerfortbildung zwischen Theorie und Praxis. Erfahrungen mit einem unterrichtsbezogenen Konzept, in: Die Deutsche Schule 3/2007, 357-366

Hermann U. (2012): Neurodidaktik - neue Wege des Lehrens und Lernens, in: Hermann U. (Hrsg.): Neurodidaktik: Grundlagen und Vorschläge für gehirngerechtes Lehren und Lernen, Weinheim, 9-17

Herold S. - Herold M. (2011): Selbstorganisiertes Lernen in Schule und Beruf. Gestaltung wirksamer und nachhaltiger Lernumgebungen, Weinheim - Basel

Heyse V. - Erpenbeck J. (2009): Kompetenztraining. 64 Mudulare Infomations- und Trainingsprogramme für die betriebliche, pädagogische und psychologische Praxis, Stuttgart

Hippel A. von/ Tippelt R. (Hrsg.) (2009): Fortbildung der Weiterbildner/innen. Eine Analyse der Interessen und Bedarfe aus verschiedenen Perspektiven, Weinheim - Basel

Holzer D. (2017): Weiterbildungswiderstand. Eine kritische Theorie der Verweigerung, Bielefeld

Holzer D. - Schröttner B. - Sprung A. (Hrsg.) (2011): Reflexionen und Perspektiven der Weiterbildungsforschung, Münster - New York - München - Berlin

Höher F. - Höher P. (1999): Handbuch Führungspraxis Kirche. Entwickeln - Führen - Moderieren in zukunftsorientierten Gemeinden, Gütersloh

Huber W. (1998): Kirche in der Zeitenwende. Gesellschaftlicher Wandel und Erneuerung in der Kirche, Gütersloh

Hufer Kl. - P. (2007): Politische Bildung in der Erwachsenenbildung, in: Sander W. (Hrsg.): Handbuch politische Bildung, Bundeszentrale für politische Bildung, Schriftenreihe Bd. 476, Bonn, 300-311

Hufer Kl. - P. (2016): Politische Erwachsenenbildung. Plädoyer für eine vernachlässigte Disziplin, Bundeszentrale für politische Bildung, Schriftenreihe Bd. 1787, Bonn

Hufer Kl. - P./ Richter D. (Hrsg.) (2013a): Politische Bildung als Profession. Verständnisse und Forschungen. Perspektiven politischer Bildung, Bonn

Hufer Kl. - P./ Richter D. (Hrsg.) (2013b): Politische Bildung als Profession. Verständnisse und Forschungen, Bundeszentrale für politische Bildung, Schriftenreihe Bd. 1355, Bonn

Illeris K. (2006): Das "Lerndreieck". Rahmenkonzept für ein übergreifendes Verständnis vom menschlichen Lernen, in: Nuissl E. (Hrsg.) (2006): Vom Lernen zum Lehren. Lern- und Lehrforschung für die Weiterbildung, Bielefeld, 29-41

Illeris K. (2010): Lernen verstehen: Bedingungen erfolgreichen Lernens, Bad Heilbrunn

Kasper H. - Mayrhofer W. (Hrsg.) (2002): Personalmanagement - Führung - Organisation, Wien

Kauffeld S. (2016): Nachhaltige Personalentwicklung und Weiterbildung. Betriebliche Seminare und Trainings entwickeln, Erfolge messen, Transfer sichern, Berlin - Heidelberg

Klampfer A. (2005): Wikis in der Schule. Eine Analyse der Potentiale im Lehr-/Lernprozess, Abschlussarbeit im Rahmen der B.A. - Prüfung im Hauptfach Erziehungswissenschaft/ Lehrgebiet Bildungstechnologie - Fachbereich Kultur- und Sozialwissenschaften der Fern Universität in Hagen

Klingovsky U. (2009): Schöne neue Lernkultur? Transformationen der Macht in der Weiterbildung. Eine gouvernementalitätstheoretische Analyse, Bielefeld

Knoll J. (2003): Etwas bewegen wollen - Lernunterstützung für ehrenamtliche Vereinsarbeit, Berlin

Knowles M.S .- Holton E. - Swanson R.A. (2007): Lebenslanges Lernen. Andragogik und Erwachsenenlernen, München

Kolb D.A. (1984): Experiential learning. Experience as the Source of Learning and Development, Englewood Cliffs

Köcher R. - Bruttel O. (2013): Generali Altersstudie 2013. Wie ältere Menschen leben, denken und sich engagieren (Originalausgabe), Frankfurt/ M.

Küchler F. von (2007): Von der Rechtsformveränderung zur Neupositionierung - Organisationsveränderungen als zeitgenössische Herausforderungen der Weiterbildung, in: Küchler F. von (Hrsg.): Organisationsveränderungen von Bildungseinrichtungen. Vier Fallbeispiele für den Wandel in der Weiterbildung, Bielefeld, 7-29

Krämer H. - Kunze A.B. - Kuypers H. (Hrsg.) (2013): Beruf: Hochschullehrer. Ansprüche, Erfahrungen, Perspektiven, Paderborn

Kruse A.-Rudinger G. (1997): Lernen und Leistung im Erwachsenenalter, in: Weinert F.- Mandl H.(Hrsg.)(1997): Psychologie der Erwachsenenbildung, Göttingen, 45-85

Langenohl A. - Polle R. - Weinberg M. (Hrsg.) (2015): Transkulturalität. Klassische Texte, Bielefeld

Lehr U. (2005): Heute gejagt - morgen gefragt?, in: Weiterbildung, Heft 3, 20-23

Lenk Chr.(2010): Freiberufler in der Weiterbildung. Empirische Studie am Beispiel Hessen, Bielefeld

Lenz W. (Hrsg.) (1998): Bildungswege. Von der Schule zur Weiterbildung, Innsbruck

Lenz W. (1999): On the Road Again. Mit Bildung unterwegs, Innsbruck

Lipowsky F. (2004): Was macht Fortbildung für Lehrkräfte erfolgreich?, in: Die Deutsche Schule 96/2004, 462-479

Locke E.A. - Latham G.P. (1990): A theory of goal setting and Task performance, Englewood Cliffs, NJ

Maslow A. (1960): Motivation and Personality, New York

Massing P. (2013): Was ist Politik? Definition und Zusammenhänge, in: Hufer Kl.-P./ Länge Th./ Menke B./ Overwien B./ Schudoma L. (Hrsg.): Wissen und Können. Wege zum professionellen Handeln in der politischen Bildung, Schwalbach/ Ts., 100-102

Massing P. (2014): Theoretische Grundlagen für die Praxis politischer Bildung, in: Lange D. - Oeftering T. (Hrsg.): Politische Bildung als lebenslanges Lernen, Schwalbach/Ts., 75-8

Mecheril P. (2004): Einführung in die Migrationspädagogik, Weinheim

Mecheril P. - Seukwa L. (2006): Transkulturalität als Bildungsziel? Spektivische Bemerkungen, in: Zeitschrift für internationale Bildungsforschung und Entwicklungspädagogik 4/2006, 8-13

Meueler E. (2009): Didaktik der Erwachsenenbildung - Weiterbildung als offenes Projekt, in: Tippelt R. - v. Hippel A. (Hrsg.) (2009): Handbuch Erwachsenenbildung/ Weiterbildung, Wiesbaden, 973-987

Mollenhauer Kl. (2007): Erziehung und Emanzipation, in: Baumgart H. (Hrsg.): Erziehungs- und Bildungstheorien. Erläuterungen - Texte - Arbeitsaufgaben, Bad Heilbrunn, 251-259

Negt O. (1991): Phantasie, Arbeit, Lernen, Erfahrung - Zur Differenzierung und Erweiterung der Konzeption "Soziologische Phantasie und exemplarisches Lernen", in: Arbeit und Politik - Mitteilungsblätter der Akademie für Arbeit und Politik an der Universität Bremen, H. 8/1991, 11-15

Negt O. (1997): Kindheit und Schule in einer Welt der Umbrüche, Göttingen

Negt O. (2012): Gesellschaftsentwurf Europa, Göttingen

Negt O. (2014): Politische Bildung und Europäische Integration - Ein lebenslanger Lernprozess für alle Europäer, in: Lange D. - Oeftering T. (Hrsg.): Politische Bildung als lebenslanges Lernen, Schwalbach/Ts., 15-22

Nipkow K.E. (1991): Lebensbegleitung und Verständigung in der pluralistischen Gesellschaft. Erwachsenenbildung in evangelischer Verantwortung, in: Friedenthal - Hasse M. u.a. (Hrsg.): Erwachsenenbildung im Kontext, Bad Heilbrunn, 75-89

Noe R.A.(2003): Employee Training and development, New York

Nolda S. (2004): Das Verdrängen des Lerners durch das Lernen. Zum Umgang mit Wissen in der Wissensgesellschaft, in: Meister D.M. (Hrsg.)(2004): Online - Lernen und Weiterbildung, Wiesbaden, 29-42

Nolda S. (2008): Grundwissen Erziehungswissenschaft. Einführung in die Theorie der Erwachsenenbildung, Darmstadt

Nuissl E. (2016): Keine lange Weile. Texte zur Erwachsenenbildung aus fünf Jahrzehnten, Bielefeld

Nuissl E. - Lattke S. - Pätzold H. (2010): Europäische Perspektiven der Erwachsenenbildung. Studientexte für Erwachsenenbildung, Bielefeld

Opaschowski H.W. (2006a): Das Moses Prinzip. Die 10 Gebote des 21. Jahrhunderts, Gütersloh

Opaschowski H.W. (2006b): Einführung in die Freizeitwissenschaft, Wiesbaden

Opaschowski H.W. (2006c): Deutschland 2020. Wie wir morgen leben - Prognosen der Wissenschaft, Wiesbaden

Öztürk H. (2014): Migration und Erwachsenenbildung. Studientexte zur Erwachsenenbildung, Bielefeld

Peters R. (2004): Erwachsenenbildungsprofessionalität. Ansprüche und Realitäten, Bielefeld

Pfäffli B.K. (2005): Lehren an Hochschulen. Eine Hochschuldidaktik für den Aufbau von Wissen und Kompetenzen, Bern -Stuttgart - Wien

Pongratz H. - Voß G.G. (2003): Arbeitskraftunternehmer: Erwerbsorientierung in entgrenzten Arbeitsformen, Berlin

Pries L. (2001): Internationale Migration, Bielefeld

Pries L. (2006): Verschiedene Formen der Migration - verschiedene Wege der Integration, in: neue praxis, Sonderheft 8/2006: Soziale Arbeit in der Migrationsgesellschaft, 19-28

Raithel J. - Dollinger B. - Hörmann G. (2005): Einführung Pädagogik - Begriffe. Strömungen. Klassiker. Fachrichtungen (Erwachsenenbildung), Wiesbaden

Reifenhäuser C. - Hoffmann S.G. - Kegel Th. (2009): Freiwilligen - Management, Augsburg

Reischmann J. (2001): Ist Professionswissen lehrbar?, in: Dewe B.- Wiesner G.- Wittpoth J.:(Hrsg.): Professionswissen und erwachsenenpädagogisches Handeln. Dokumention der Jahrestagung der Sektion Erwachsenenbildung der Deutschen Gesellschaft für Erziehungswissenschaft 2001, Beiheft zum Report, Bielefeld, 81-88

Robak S. (2009): Kulturelle Aspekte von Lernkulturen in transnationalen Unternehmen unter Globalisierungsbedingungen, in: Gieseke W./ Robak S./ Wu M.-L. (Hrsg.) (2009): Transkulturelle Perspektiven auf Kulturen des Lernens, Bielefeld, 119-150

Rohe K. (1994): Politik. Begriffe und Wirklichkeiten: Eine Einführung in das politische Denken, Stuttgart - Berlin -Köln

Sajikumar S.R. - Morris G.M. - Korte M. (2014): Competition between recently potentiated synaptic Inputs reveals a winner - take - all Phase of synaptic tagging and capture, in: Proceedings of the National Academy of Science of the United States of America 11(33), 12217-12221

Sander W. (Hrsg.) (2007): Handbuch politische Bildung. Lizensausgabe für die Bundeszentrale für politische Bildung, Schriftenreihe Bd. 476, Bonn

Schäfer E. (2017): Lebenslanges Lernen, Heidelberg

Schäffter O. (2007): Erwachsenenpädagogische Institutionenanalyse. Begründungen für eine lernfördernde Forschungspraxis, in: Heuer U. - Siebers R. (Hrsg.) (2007): Weiterbildung am Beginn des 21. Jahrhunderts. Festschrift für Wiltrud Gieseke, Münster - New York - München - Berlin, 354-370

Scheidig F. (2016): Professionalität politischer Erwachsenenbildung zwischen Theorie und Praxis. Eine empirische Studie zu wissenschaftsbasierter Lehrtätigkeit, Bad Heilbrunn

Schemmann M. (2007): Internationale Weiterbildungspolitik und Globalisierung, Bielefeld

Scherb A. (2010): Der Beutelsbacher Konsens, in: Lange D. - Reinhardt V. (Hrsg.) (2010): Strategien der politischen Bildung. Handbuch für den sozialwissenschaftlichen Unterricht, Basiswissen politische Bildung, Bd. 2, Baltmannsweiler, 31-39

Schiele S. (2004): Ein halbes Jahrhundert staatliche politische Bildung in Deutschland, in: Aus Politik und Zeitgeschichte 7-8/ 2004, 3-6

Schmidt G. (2000): Wandel und Kontinuität. Wohin sich die Arbeitsgesellschaft entwickelt, in: Schüler: Arbeit Heft 2000, 57-61

Schröer A. (2004): Change Management pädagogischer Institutionen. Wandlungsprozesse in Einrichtungen der Evangelischen Erwachsenenbildung, Opladen

Schröder B. (2012): Religionspädagogik, Tübingen

Schubert H. (Hrsg.) (2008): Netzwerkmanagement. Koordination von professionellen Vernetzungen - Grundlagen und Beispiele, Wiesbaden

Schwendemann N. (2018): Werthaltungen von Lehrkräften in der Erwachsenenbildung, Wiesbaden

Schwenk E. - Klier W. - Spanger J. (2010): Kasuistik in der Lehrerbildung. Seminardidaktische Impulse für eine praxis-, problem- und teilnehmerorientierte Arbeit mit angehenden Lehrerinnen und Lehrern, Baltmannsweiler

Seitter W. (2013): Profile konfessioneller Erwachsenenbildung, Heidelberg

Seiverth S.A. (Hrsg.) (2002): Re - Visionen Evangelischer Erwachsenenbildung. Am Menschen orientiert, Bielefeld

Skinner B.F. (1982): Jenseits von Freiheit und Würde, Reinbek

Spitzer M. (2006): Lernen: Die Entdeckung des Selbstverständlichen, Weinheim

Steinert H. (2007): Das Verhängnis der Gesellschaft und das Glück der Erkenntnis: Dialektik der Aufklärung als Forschungsprogramm, Münster

Terhart E. (2003): Wirkungen von Lehrerbildung: Perspektiven einer an Standards orientierten Evaluation, in: Journal für Lehrerinnen- und Lehrerbildung 3/2003, 8-19

Thomé M. (Hrsg.) (1998): Theorie Kirchenmanagement. Potentiale des Wandels - Analysen - Positionen - Ideen, Bonn

Tietgens H. (1997): Was bleibt in der Lerngesellschaft für die Bildung?, in: Erwachsenenbildung Heft 4/1997, 161-163

Tietgens H. - Weinberg J. (1971): Erwachsene im Feld des Lehrens und Lernens, Braunschweig

Tippelt R.- v. Hippel A. (Hrsg.) (2009): Handbuch Erwachsenenbildung - Weiterbildung, Wiesbaden

Tiroler Tageszeitung, Nr. 83/ Oktober 2011: Sonderbeilage "Moment" - Schwerpunktthema "Kirche und Bildung"

UNESCO (2010): Global Report on Adult Learning and Education, Hamburg

Vanderheiden E./Mayer Cl.-H. (Hrsg.) (2014): Handbuch Interkulturelle Öffnung. Grundlagen-Best Practice-Tolls, Göttingen

Wahl D. (2006): Lernumgebungen erfolgreich gestalten. Vom trägen Wissen zum kompetenten Handeln, Bad Heilbrunn

Wahl D. (2020): Wirkungsvoll unterrichten in Schule, Hochschule und Erwachsenenbildung. Von der Organisation der Vorkenntnisse bis zur Anbahnung professionellen Handelns, Bad Heilbrunn

Walzer N. (Hrsg.) (2019): Die Bildung der Menschlichkeit für Erwachsenen. Schritte zur Gesellschaft von morgen, Wien

Weinberg J. (2000): Einführung in das Studium der Erwachsenenbildung, Bad Heilbrunn

Welsch W. (1997): Transkulturalität. Die veränderte Verfassung heutiger Kulturen, in: Schneider I. - Thomsen C. (Hrsg.) (1997): Hybridkultur. Meiden, Netze, Künste, Köln, 67-90

Werner D. (2006): Trends und Kosten der betrieblichen Weiterbildung. Ergebnisse der IW - Weiterbildungserhebung 2005, in: IW-Trends. Vierteljahreszeitschrift zur empirischen Wirtschaftsforschung aus dem Institut der deutschen Wirtschaft Köln, 33(1), 1-19

Widmaier B. (2014): Non - formale Politische Bildung. Eine evidenzbasierte Profession? in: Lange D. - Oeftering T. (Hrsg.): Politische Bildung als lebenslanges Lernen, Schwalbach/Ts., 69-81

Wittpoth J. (2006): Einführung in die Erwachsenenbildung. Bd. 4 Einführungstexte in die Erziehungswissenschaft, Opladen & Farmington Hills

Wolf. A. (Hrsg.) (1998): Der lange Anfang. 20 Jahre "Politische Bildung in den Schulen", Wien

Wood R.E. - Bandura A. (1989): Social cognitive theory of organizational management, in: Academy of Management Review 14/3, 361-384

Zech R. (2003): Lernerorientierte Qualitätstestierung in der Weiterbildung. LQT 2. Das Handbuch, Hannover

Zeuner Chr. (2010): Erwachsenenbildung: Entwicklung einer kritischen Diskussion, in: Lösch B. - Thimmel A. (Hrsg.): Kritische politische Bildung. Ein Handbuch, Schwalbach/Ts., 53-64

Zeuner Chr. (2011): Forschung zur politischen Erwachsenenbildung zwischen Theorie und Praxis. Überlegungen und Perspektiven, in: Journal für politische Bildung 2/2011, 37-46

Zeuner Chr. (2013): Erwachsenenbildung und Profession, in: Hufer K.-P./Richter D. (Hrsg.): Politische Bildung als Profession. Verständnisse und Forschungen - Perspektiven Politischer Bildung, Bundeszentrale für politische Bildung, Bd. 1355, Bonn, 81-95

Zeuner Chr. (2014): Theorie und Praxis der politischen Erwachsenenbildung: ein "gestörtes Verhältnis"?, in: Lange D. - Oeftering T. (Hrsg.): Politische Bildung als lebenslanges Lernen, Schwalbach/ Ts. 85-95

Zumbach J.- Astleitner H. (2016): Effektives Lehren an der Hochschule. Ein Handbuch zur Hochschuldidaktik, Stuttgart

Teil II Kirchenentwicklung

1 Vorbemerkung

Für die Trias "Religion, Kirchenmanagement und eine Kirche der Zukunft bzw. Kirchenentwicklung" ergeben sich die folgenden Überlegungen eines Nichttheologen und Erwachsenenpädagogen in einem Arbeitspapier.

Die Absolvierung des Lehrganges Ökumene/ Kardinal König - Akademie/ Wien (2006) und des Fernstudiums "Nachhaltige Entwicklung" am Comenius - Institut Münster (2020) regt an, über nachhaltige Aspekte und Lösungswege für eine zukünftige Stellung von kulturell - religiöser Bildung und Kirche nachzudenken.

Kirchenentwicklung als Zukunftsaufgabe wird zudem durch das Synodenpapier der EKD im Jahre 2020 aktualisiert. Elf Leitsätze für eine "Kirche der Zukunft" können als Basis und Anregung für Perspektiven in Verbindung mit grundsätzlichen Überlegungen über Religion und Kirchenmanagement angesehen werden > ● https://www.ekd.de/zwoelf-leitsaetze-zur-zukunft-einer-aufgeschlossenen-kirche-60102.htm (23.1.2023)

Für Kirchen und ihre Mitglieder in einer Diasporasituation stellt sich die Thematik als eine Existenzfrage in einer pluralen Gesellschaft. Ergänzend ergibt sich die Notwendigkeit einer Stärkung des "Ehrenamtes"/ Freiwilligenmanagements > ● http://www.netzwerkgegengewalt.org/wiki.cgi?Freiwilligenmanagement (23.1.2023)

Der Teilbereich "kulturell - religiöse Kompetenz bzw. Bildung " ist von Interesse für

- Erziehung und Bildung - frühkindliche Bildung, Primarbildungsbereich, Sekundarbildungsbereich, tertiärer und quartärer Bildungsbereich > Seelsorge Familie, Schule- FH - Universität

- Ökonomie - Arbeits- und Berufswelt, Ökologie - Umwelt - Nachhaltigkeit und

- Gesellschaftsform der westlichen Demokratien von Interesse - Aspekte und Perspektiven der Demokratieerziehung, Einwanderungsgesellschaft, Diversität, Angewandten Ethik, Kultur und Religion.

2 Kirchenmanagement

2.1 Probleme eines Prozesses

Teilbereiche und Folgerungen der Überlegungen gehen auf einen "Studientag Unternehmenskultur in der Kirche?" (16.01.2002) am Institut für Kirchenrecht und

Evangelische Kirchenordnung der Evangelisch - Theologischen Fakultät der Wiener Universität/ Univ.Prof. Dr. Gustav Reingrabner zurück.

Überträgt man die Überlegungen zu einer "neuen Kirche", ergibt sich eine Frage der Grundeinstellung zum Leben des Glaubens und Religion.

Damit sind Strukturfragen des gelebten Gemeindelebens angesprochen. Denkansätze und Entscheidungen sind zu hinterfragen.

Kann die Gemeinde Entscheidungen von Gremien mittragen und ist das Gemeindeleben eingebunden, gehört zu den zentralen Fragen.

Synoden, Kirchenleitungen und einzelne Leitungspersönlichkeiten entscheiden autonom, vielmehr sind sie gebunden und angewiesen an die Gemeinden.

Die Gemeinde(n) muss/ müssen in ihrer Willensbildung alle mit einbinden. Damit erhält die Gemeinde für ihren Wirkungskreis eine zunehmende Bedeutung, die ihre Akteure letztlich erfüllen sollen mit allen Folgerungen.

Seit zweitausend Jahren hat dieselbe Lehre in ihren Ursprüngen, Verbreitung, Überzeugung und Symbolik mit unterschiedlicher Identifikation und zunehmenden Anhängern regional unterschiedlich in der Folge sich weltweit ausgedehnt.

In der Marketingfachsprache klingt dies etwa so, dass das Produkt in der Herstellung, im Vertrieb, Marketing und Markenwert und zunehmender Kundschaft und Identifikation global vertrieben werden konnte.

Was sich jedes Unternehmen nur wünschen kann, gibt es eine weltweite "corporate identity", mitunter rechtlich geschützt.

Das Markenzeichen mit hohem Wiedererkennungswert und weltweiter Niederlassung benötigt, wie ähnliche Beispiele zeigen, ein zeitgemäßes Management (vgl. THOME 1998, 9).

2.2 Zentrale Fragestellung

Aus der Thematik stellt sich die zentrale Frage, kann bei der Kirche sich ein Bereich mit der Wirtschaft vergleichen. Ansätze deuten durchaus auf Parallelen, die gerade in großen Kommunikationskampagnen in Unternehmensberatungen zum Tragen gekommen sind.

Es geht keineswegs nur um ein innerkirchliches Problem, gibt es doch den Kontext und die zunehmende Betonung von Kirche und Gesellschaft.

Die Komplexität von Kirche und moderner Gesellschaft in ihren gegenseitigen Verhältnissen bedarf der Fragen nach Vermittlung und der Fundierung der Inhalte.

Zur Lösung praktischer Probleme gibt es Ausgangsbedingungen, die Konsequenzen verdeutlichen.

2.3 Problembereiche

Fünf Beispiele verdeutlichen die Konsequenzen und zeigen Probleme des Prozesses auf.

1 Sinkende Einnahmen erfordern für die Erhaltung zentraler Aufgaben neue Formen einer Mittelwerbung, bezeichnet als "Fundraising". Es geht in der Grundidee um ein Überzeugen potentieller Geldgeber von den Aufgaben von Kirche und ihrem Verkündigungsauftrag (vgl. KUNZ - SCHLAG 2014, 497-504) .

2 Die Herausforderung für Kirche besteht in der kulturell - religiösen Gemeinschaft in einer pluralen Gesellschaft unter einem Zeichen und einer tiefgreifenden Identifikationsbasis.

3 Die Zugehörigkeit zur Gemeinschaft der Glaubenden im Zeichen des Kreuzes ist weder teilweise noch rein symbolisch und nur formal.

4 Hier entstehen aus religionssoziologischer Sicht Themenfelder, die eine Struktur der Gemeinschaftsbildung bestimmen.

Es geht um das Problem des Ortes, der Tragfähigkeit und Plausibilität von Glauben und Kirche in einer säkular - pluralen Gesellschaft.

5 Ein wesentliches Charakteristikum postmoderner Identität besteht in der Teilidentifikation etwa in *Kulturchristen, Bildungschristen* und *Kirchenchristen* mit ihren Ansprüchen (vgl. die Notwendigkeit einer kulturell - religiösen Kompetenz).

2.4 Analyse

Aus einer verkürzten Analyse zeigt sich.

1 Es besteht in einer säkularen, pluralen und global - orientierten Gesellschaft ein Bedürfnis nach Identifikationsmöglichkeiten, Sinnorientierung und Deutungskontexten (vgl. THOME 1998, 14-15).

2 Dieses Bedürfnis bestimmt sich zunächst durch eine Partizipationsmöglichkeit, sich aktiv und zugleich in größere überindividuelle Sinnhorizonte handelnd einzubringen. Für Kirche bedeutet dies sich verständlich, plausibel und akzeptabel zu machen.

3 Aus dem grundsätzlichen Anspruch ergibt sich die Frage, wo und wie sich Kirche mit ihrer Botschaft in die moderne Denk- und Vorstellungsmuster einbringen kann und wie sie ihre Gläubigen daran teilnehmen lassen kann.

4 Zu beachten sind die Probleme heutiger Glaubensvermittlung, vor welchem Hintergrund und die Möglichkeiten überzeugenden kirchlichen Handelns. Exemplarische Überlegungen evangelischer Pädagogik sollen die Plausibilität von Kirche und Glaube als teilhabefähigen Sinnbereich verdeutlichen (vgl. DICHATSCHEK 2017b, 7-11, 2018).

2.5 Management

Schließlich gibt es den Vorwurf eines veralteten, unflexiblen und gering effizienten Kirchenmanagements.

Man täusche sich nicht, unreflektiert aus der Wirtschaft Konzepte zu übernehmen.

Die Andersheit der Kirche einer nicht nur innerweltlichen Organisation bedarf einer Bestimmung von Kirche und Gesellschaft (vgl. PREUL 1997, 128-152; THOME 1998, 21).

Die Bestimmung der Grenze zwischen ihrer originären Botschaft und der Peripherie bedarf einer Klärung.

Gemeint sind die heute notwendigen Aufgabenstellungen in der Chance einer einmaligen Lebensperspektive, der Eröffnung von tragfähigem Sinn mit spezifischen Konzepten.

Konkret kann dies in einem Management des Wandels umgesetzt werden.

- Qualitätszirkel - interdisziplinäre Arbeitsgruppen, Verbesserungsgruppen bzw. Projektgruppen, Zielvereinbarungen, transparente Informationen

- Talentpotential fördern und einsetzen - unternehmerisch handeln, Bereitschaft zum Einsetzen des eigenen Wissens und der Umsetzung mit Fortbildungsmöglichkeiten

- Teamarbeit - Lebensgestaltung in kleinen Gruppen mit Ergebnisverantwortung, Förderung von Kreativität und Leistungskraft

- Hierarchieabbau - Veränderungsmanagement für eine schlanke Kirche, Ausbau von Teilhabe und Partizipation

- Change Management - Verbesserung der Effektivität, Beteiligung der Mitarbeitenden, Durchführung von Veränderungen, Bereitstellung von Ressourcen

Quelle: modifiziert nach THOME 1998, 196-197

2.6 Religionsmonitor 2013 - Deutschland

Einwanderungs- und Säkularisierungsprozesse haben in Deutschland und analog in Österreich zu einem neuen religiösen Pluralismus sowie zu gesellschaftlichen und politischen Herausforderungen. Für einen Erwachsenenbildner sind die vorliegenden Daten der Studie von Interesse (vgl. TRAUNMÜLLER 2014, 84-87).

Schwerpunkte der Studie werden in der Folge stark verkürzt in den folgenden Punkten zusammengefasst.

1 Religion und Religiosität sind alltäglicher Bestandteil des sozialen Lebens. Religion wird thematisiert.

2 Religiöse Vielfalt gehört zum alltäglichen Leben. Interreligiöse Sozialkontakte am Arbeitsplatz, in der Nachbarschaft und auch in der eigenen Freizeit gelten als normal. Vorrangig ist es eine Frage der Gelegenheit.

3 Religiöse Lebenskontexte von Familie, Nachbarschaft, Freizeit und Arbeitsplatz sind sich in ihrer religiösen Zusammensetzung im Allgemeinen sehr ähnlich.

4 Werthaltungen und Einstellungen im Kontext religiöser Netze sind wenig eindeutig.

5 Negative Folgen sozialer Wandlungsprozesse wie Globalisierung und Einwanderung für den sozialen Zusammenhalt sind, soweit abschätzbar, bislang unbegründet.

6 Eine Furcht vor religiösen Parallelgesellschaften lässt sich mit dem Hinweis auf die Gelegenheitsstrukturen nicht erkennen.

7 Da Minderheiten zwangsläufig weniger Kontakte zur religiösen Mehrheit haben, heißt es aber nicht, dass Probleme im Einzelnen durchaus bestehen können. Ein Alarmismus einer Gefahr für das soziale Miteinander ist nicht angebracht.

8 Entscheidend für die religiöse Zusammensetzung sozialer Netze und einen gesellschaftlichen Zusammenhalt sind die wirtschaftliche Lage und die Verteilung ökonomischer Ressourcen. Je besser die wirtschaftliche Lage eines Landes desto mehr religiös brückenbildendes Sozialkapital und interreligiöse Kontakte gibt es.

9 Religiös brückenbildendes Sozialkapital mit gesellschaftlich wünschenswerten Einstellungen wie religiöse Toleranz und Akzeptanz religiöser Vielfalt stehen in einem Kontext. Toleranz und Akzeptanz sind in einer religiösen heterogenen Gesellschaft von größerer Bedeutung für den sozialen Zusammenhalt als ein auf Ähnlichkeit und starkem Wertkosens basierendes Vertrauen.

2.7 Schulungen - Aus- und Fortbildung

Der Schwerpunkt für Leitungsfunktionen ab der neunziger Jahre wird von Fortbildung und Beratung weitgehend bestimmt.

In der Folge gibt es ein breites Angebot für eine Orientierung von Entwicklungsprozessen und der mittleren Leitungsfunktion (vgl. beispielhaft Thome 1998, HÖHER - HÖHER 1999, BÖCKEL 2014; KUNZ - SCHLAG 2014, 480-481).

Für Österreich bieten sich Publikationen und Referentenangebote aus dem Umfeld der EKD an.

1 Unterschiedlich sind Angebote für Mitarbeitende zu bewerten (vgl. Theologische Grundkurse, die Teilnahme an Studientagen, auch das Einstellen der Freiwilligenakademie).

2 Der Autor bedauert das Fehlen eines Universitäts- bzw. Hochschullehrganges für Evangelische Theologie mit der Möglichkeit von Schwerpunktbildungen analog anderer Universitätslehrgänge (Modulsystem, 4 Semester, verschiedene Lernorte, Breite des Curriculums).

3 Es fehlt in Österreich ein "Theologisches Fernstudium" in der Evangelischen Erwachsenenpädagogik im quartären Bildungsbereich als theologische Zusatzausbildung. In Deutschland deckt ebenso das Comenius - Institut Münster ein "Theologisches Fernstudium " nicht ab > ⬤ http://www.fernstudium-ekd.de/ (Stand 2023).

4 Zur Kirche als Bildungsinstitution ausführlich (SCHWEITZER 2002, 101-123).

5 Ob der kommende Masterlehrgag der ETF Wien Intentionen für eine "zukunftsfähige Kirche" erfüllt, wird sich zeigen > vgl. ⬤ http://etf.univie.ac.at/studium/studieren-an-der-etf/master-studiengaenge/neu-evangelisch-theologische-studien/ (19.8.20)

6 Als kritisch in einer mobilen und differenzierten Gesellschaft ist das Filterwahlrecht der Evangelischen Kirche Österreich anzusehen. Ein Trend zur längeren Bindung an eine Institution ist nicht erkennbar, vielmehr ist Kurzfristigkeit in einer mobilen Gesellschaft vorhanden. Zudem erfordert das Filterwahlrecht eine längerfristige Bindung an zusätzliche Gremienarbeit. Ausgehend von der Wahl in die Gemeindevertretung und Möglichkeit stufenmäßiger Weiterwahl in die weiteren kirchlichen Gremien, zunächst des Presbyteriums, in der Folge der Superintendentialversammlung, ggf. des Superintendentialausschusses und letztlich der Synode bzw. Synodalausschüsse ergibt sich ein Zeitfenster, das für andere Aktivitäten wie familiäre, berufliche Verpflichtungen und Fortbildung wenig/ kaum Möglichkeiten offen sein lässt.

7 Für "Ehrenamtliche" in ihrem Freiwilligenengagement ergibt sich ein hohes Maß an Verpflichtungen und Verantwortung mit der Notwendigkeit eines Spezialwissens.

8 Zu beachten sind Phänomene in der Fort- und ggf. Weiterbildung eines Widerstandes (vgl. HOLZER 2017).

IT - Hinweis

● https://evang.at/stand-up-4-change-junge-menschen-sollen-kirche-mitgestalten/ (25.1.2023)

2.8 Leitsätze einer aufgeschlossenen Kirche

Als überaus positiv ist der ab Herbst 2020 einsetzende Prozess einer "zukunftsfähigen Kirche"/ EKD anzusehen (vgl. die 11 Leitsätze für eine aufgeschlossene Kirche/ EKD 2020 > ● https://www.ekd.de/11-leitsaetze-fuer-eine-aufgeschlossene-kirche-56952.htm [8.8.20])

Mit dem Nestor eines organisationslogischen Denkens kann man übereinstimmend feststellen, dass nur Unbefähigte oder Dilettanten Leitungssituationen übernehmen, wo sie aus dem Stand heraus und mit viel gutem Willen zur Leitung glauben qualifiziert zu sein (vgl. JÄGER 1993, 460).

Es wird deutlich, dass in einem vorherrschenden Verständnis handlungsorientierte Praxis ein Leitungshandeln in verschiedensten Funktionen eine vernachlässigte Dimension darstellt (vgl. KUNZ - SCHLAG 2014, 484-485).

Aus der theoretischen Reflexion sollte kirchliches Handeln in Aus- und Weiterbildungswegen von Beginn an integriert werden.

1 Dazu bedarf es Leitungsforen/ Steuerungsgruppen, Angebote einer Beratung/ Beratungskompetenz und eine Erhöhung der Motivation im leitenden Amt (vgl. SEUFERT 2013, DICHATSCHEK 2022).

2 Eine Demokratisierung des Wissens über Leitungshandeln ist ein wünschenswertes Ziel. Man beachte die Aussage der EKD zur Demokratie unter Bildungsperspektive > 🔳 https://www.ekd.de/ekd_de/ds_doc/ekd_texte_134_2020.pdf (2.9.20).

2.9 Bildungsperspektive

Aus der theoretischen Reflexion sollte kirchliches Handeln in Aus- und Weiterbildungswegen von Beginn an integriert werden.

1 Dazu bedarf es Leitungsforen/ Steuerungsgruppen, Angebote einer Beratung/ Beratungskompetenz und eine Erhöhung der Motivation im leitenden Amt (vgl. SEUFERT 2013, DICHATSCHEK 2022).

2 Eine Demokratisierung des Wissens über Leitungshandeln ist ein wünschenswertes Ziel. Man beachte die Aussage der EKD zur Demokratie unter Bildungsperspektive > https://www.ekd.de/ekd_de/ds_doc/ekd_texte_134_2020.pdf (2.9.20).

2.10 Personalentwicklung

2.10.1 Veränderungen

Veränderungen im Umfeld erfordern Lernprozesse und neue Denkstrukturen, mitunter ist ein Verlernen eines sicher geglaubten Wissens notwendig (vgl. KUNZ - SCHLAG 2014, 487-496).

Weiterbildung als Organisation bedarf eines Programms, Lernorts und einer Evaluation (vgl. KAUFFELD 2016, 71-130). Zu beachten sind die Mikro-, Meso- und Makroebene (vgl. SEUFERT 2013, 19-37, bes. 32).

Der Wandel der Gesellschaft und mit ihr der Kirche ist tiefgreifend.

Interdisziplinäre Gemeinschaften treten an Stelle hierarchischer Strukturen, Veränderungen der Arbeit und Kooperation lassen in der Personalentwicklung kirchlicher Berufe neue Fragestellungen entstehen.

Es ergeben sich Schwierigkeiten, offene Stellen mit Personen entsprechender Qualifikation zu besetzen.

Die Halbwertzeit einer Ausbildung verkürzt sich durch die Verlängerung der Lebensarbeitszeit, die Vermehrung des Wissens durch neue Erkenntnisse und damit verbundene Reformdiskussionen.

2.10.2 Personalentwicklungsprozess

- *Personalentwicklung/ PE* beschäftigt sich mit komplexen Fragen.

Es geht um die längerfristige Bindung von Mitarbeitenden.

Wie können Mitarbeitende in verantwortungsvollen Tätigkeiten in ihrer Widerstandsfähigkeit und Motivation gefördert werden.

Wenn die parochiale Struktur der Kirche durch Elemente wie Profilgemeinden, Personalgemeinden oder netzwerkartige Gemeindeformen ergänzt werden soll bzw. muss, braucht es begeisterte und reformwillige Personen in reformierbaren Kirchen.

Alle Personen in einer Kirche im Wandel bedürfen entsprechender Bedingungen, die auch die Personalentwicklung betreffen.

Es bedarf Anreizsysteme in Ausbildungsstandards, Angeboten der Beratung und Begleitung, Subventionen und Möglichkeiten der Partizipation.

Personalentwicklung kann nicht angeordnet werden, sie ergibt sich in Entwicklungsprozessen und bedarf der Unterstützung und Förderung durch die Leitungsakteure.

- *Aufgabenbereiche* von PE erfolgen nach unterschiedlichen Kriterien.

Maßnahmen der PE beziehen sich auf personelle Ressourcen einer Organisation.

Zeitlich betrachtet geht es um den Einstieg in die Organisation bis zum Ausstieg. Damit kommt es zur betrieblichen Fort- und ggf. Weiterbildung, Karriere- und Laufbahngestaltung und Outplacement.

Im Folgenden geht es nur um die Zugehörigkeit der Person in der Organisation.

Nach dem Personalauswahlverfahren werden in der Personaleinführung fachliche (Einarbeitung) und soziale Integration (soziale Beziehungen) eingefordert. Eine gelungene Personaleinführung liegt im Interesse der Organisation.

In der Folge geht es um Argumente für ein Engagement in der Personaleinführung (vgl. KIESER - NAGEL - KRÜGER - HIPPLER 1990).

Ökonomische Fakten sind die Einstellungskosten, Fluktuationskosten und die Einsetzbarkeit.

Phasen des Eintritts ist der Zeitraum vor dem Eintritt mit der Entscheidung, der Eintritt selbst mit der Konfrontation des Erwartungen und die Integrationsphase mit der Bewältigung der fachlichen und sozialen Integration.

Diese gelingt ums besser, je realistischer die Informationen über den Tätigkeitsbereich und Entwicklungschancen sind,

je freiwilliger die Entscheidung für eine Arbeitsstelle ist,

je mehr Fachwissen, Kenntnisse und Kompetenzen vorhanden sind (Vorwissen) und

je übereinstimmender die Normen, Werte und Verhaltensweisen mit der Organisationskultur übereinstimmen.

- *Einführungsmaßnahmen* der Personaleinführung ergeben sich in

einer realistischen und extensiven Information,

Unterstützung durch Bezugspersonen (Vorgesetzte, Kollegenschaft - Arbeitsgruppe - Team, Mentoring/ Patensystem),

einem Einführungsprogramm in Form einer Einführungsveranstaltung, Informationsmaterial, Checklisten, Besichtigungstouren und Qualifizierungsmaßnahmen wie Traineeprogramme, Erkundungen, Formen der Kooperation, "job rotation" und Kennenlernen neuer Aufgaben.

2.10.3 Impulse Gemeindeentwicklung

Evangelische Pfarrgemeinde A. und H.B. Kitzbühel 2024 - 2025

Über den eigenen Kirchturm hinaus – "Regio - lokale Kirchenentwicklung"

Kirche befindet sich in einer schmerzhaften Transformation. Die Mitgliederzahlen sinken, die Ressourcen werden knapper und die (mehr werdende) Arbeit wird auf immer weniger Schultern, auch die der Ehrenamtlichen, verteilt. Auf eine Trendwende bei den Seelenzahlen und wieder steigende finanzielle Mittel zu warten und zu hoffen ist sicher kein guter Weg.

Aber Hoffnung gibt es: Wenn man sich einfach die Frage stellt "Wie werden Menschen Christen?", öffnet man sich bereits einer anderen Herangehensweise. Nicht vom Problem (weniger Mitglieder), sondern von der Lösung (Ressourcen für den Glauben gewinnen) her zu denken. Wir begreifen unsere geographische/ politische/ kirchliche Region als den gemeinsamen Raum, in dem wir miteinander Verantwortung tragen für die Weitergabe des christlichen Glaubens – „Regio - lokale Kirchenentwicklung" (RLKE).

Kirche ist ein Mannschaftssport: Kirchliche Arbeitsbereiche und Dienste müssen nicht innerhalb von Gemeindegrenzen gedacht werden. In einer Region wird stärker auf Kooperation geachtet. Nicht jede einzelne Gemeinde muss die ganze Palette an kirchlichen Angeboten stemmen. Aufgrund des Profils jeder Pfarrgemeinde und den Kompetenzen der in ihnen Mitarbeitenden suchen Gemeinden danach, was in welcher Form und wo angeboten wird. Was kann davon als gemeinsame Aktivität geplant werden und was ist dem speziellen Profil einer Gemeinde geschuldet?

Ein Beispiel: Konfirmand/ innen kennen seit zwei Jahrgängen nichts anders als überregionale Aktivitäten (Konfi - Camp auf Burg Finstergrün oder Konfi - Freizeit in Bad Goisern) gemeinsam mit den Konfis aus anderen Gemeinden in anderen Bundesländern. Und die Konfis finden dies Klasse.

Im Gemeindeentwicklungsforum wollen wir beginnen, folgende Fragen für unsere Gemeinde zu beantworten.

Was sind unsere Stärken? Was können wir gut?

Was ist für uns unaufgebbar?

Was können andere besser?

Was lassen wir, damit wir mit Freude tun, was wir tun?

Wo brauchen andere unsere Hilfe?

Was können wir selbstbewusst anbieten?

Wie können wir uns als Gemeinde befähigen, um unseren Auftrag, Christen eine Heimat zu bieten und Menschen zu Christen werden zu lassen, besser zu erfüllen.

Es wird entscheidend für die zukünftige Gestalt unserer Gemeinde und der Kirche sein, nicht nur einen Rückbau zu verwalten, sondern Neuaufbrüche zu gestalten. Noch können wir gestalten.

2.10.4 Kompetenzen - Zukunftsszenario

Es geht um die Definition des Begriffs "Kompetenz", wobei Fachwissen, Fähigkeiten und Fertigkeiten, volitionale Aspekte (Wunschvorstellungen) und Umsetzungskompetenz zum Tragen kommen (vgl. KUNZ - SCHLAG 2014, 490; EMSE - DEHM 2003, 187-198) .

Ein wahrscheinliches Zukunftsszenario wird sein, dass die Bedeutung von Freiwilligen in der Kirche ("Ehrenamtlichen") zunehmen wird (vgl. den IT - Autorenbeitrag ● http://www.netzwerkgegengewalt.org/wiki.cgi?Freiwilligenmanagement).

Andere Formen der Partizipation (Mitbestimmung und Mitverantwortung) und Selbstorganisation werden entstehen.

Im evangelischen Raum wird diese Entwicklung eine Veränderung der Rollen kirchlicher Akteure bewirken (vgl. KUNZ -SCHLAG 2014, 494).

Die Personalentwicklung hat die Aufgabe Veränderungen zu antizipieren und Mitarbeitende darauf vorzubereiten und zu begleiten (vgl. Beratungskompetenz DICHATSCHEK 2022).

Es benötigt hohe Transparenz und eine Vertrauenskultur.

Die Herausforderung für die Kirche wird im Sinne von Diversity Management das Angebot verschiedener Ausbildungswege und Berufswege anzubieten sein

Literaturhinweise Teil II

Angeführt sind jene Titel, die für den Beitrag verwendet und/ oder direkt zitiert werden.

Adam G. (2002): Bildung als Dimension von Diakonie und Diakoniewissenschaft, in: Schweitzer Fr. (Hrsg.): Der Bildungsauftrag des Protestantismus, Gütersloh, 124-141

Ariens E.- Richter E. - Sicking M. (Hrsg.)(2013): Multikulturalität in Europa. Teilhabe in der Einwanderungsgesellschaft, Bielefeld

Arnold R. (2015): Bildung nach Bologna! Die Anregungen der europäischen Hochschulreform, Wiesbaden

Birgden M. - Haberer J. (2007): Öffentlichkeitsarbeit, Publizistik, Massenmedien, Kommunikation, public relations, in: Gräb W.- Weyel B. (2007): Handbuch Praktische Theologie, Gütersloh, 602-613

Böckel H. (2014): Handbuch Führen und Leiten. Dimensionen eines evangelischen Führungsverständnisses, Berlin

Budde J.- Weuster N.(2018): Erziehungswissenschaftliche Studien zur Persönlichkeitsbildung. Angebote - Theorien -Analysen, Wiesbaden

Casanova J. (2009): Europas Angst vor der Religion - Berliner Reden zur Religionspolitik, Berlin

Collier P. (2015): Exodus. Warum wir Einwanderung neu regeln müssen, Bundeszentrale für politische Bildung, Schriftenreihe Bd. 1535, Bonn

Dichatschek G. (2017a): Didaktik der Politischen Bildung. Theorie, Praxis und Handlungsfelder der Fachdidaktik der Politischen Bildung, Saarbrücken

Dichatschek G. (2017b): Erwachsenen- Weiterbildung, Saarbrücken

Dichatschek G. (2018): Theorie und Praxis Evangelischer Erwachsenenbildung Evangelische Erwachsenenbildung bzw. Weiterbildung und Religionslehrerausbildung in Österreich - Politische Bildung, Saarbrücken

Dichatschek G. (2019a): Medienarbeit. Aspekte zur Weiterbildung im Kontext der Politischen Bildung/ Medienpädagogik -Medienbildung, Saarbrücken

Dichatschek G. (2019b): Lehre an der Hochschule - Ein Beitrag zu Dimensionen der Lehre, Lehrer(innen)bildung, Fort- bzw. Weiterbildung Lehrender und Hochschuldidaktik, Saarbrücken

Dichatschek G. (2020): Migration in Österreich. Theorie und Praxis von Fort- und Weiterbildung, Saarbrücken

Dichatschek G. (2022): Grundwissen Beratungskompetenz. Theorie, Praxis und Handlungsfelder, Saarbrücken

Döring Kl. W. (2008): Handbuch Lehren und Trainieren, Weinheim - Basel

Emse H. - Dehm Ch. (2003): Personalentwicklung aus Leitungsperspektive, Pastoraltheologie 92/2003, 187-198

Eschenbach R. - Horak Chr. - Weger A. (Hrsg.)(1993): Die Zukunft der Evangelischen Kirche in Wien, Wien

Evangelische Kirche in Deutschland/ EKD (2020): Bericht "Kirche auf gutem Grund - Elf Leitsätze für eine aufgeschlossene Kirche", Geschäftsstelle der Synode, Hannover

Greco S. A. - Lange D. (Hrsg.) (2017): Emanzipation. Zum Konzept der Mündigkeit in der Politischen Bildung, Schwalbach/Ts.

Habeck S.A. (2015): Freiwilligenmanagement. Exploration eines erwachsenenpädagogischen Berufsfeldes, Wiesbaden

Herzig F.- Sacher K.- Wiesinger Chr. (2021): Kirche der Zukunft - Zukunft der Kirche, Gütersloh

Holzer D. (2017): Weiterbildungswiderstand. Eine Kritische Theorie der Verweigerung, Bielefeld

Höckele - Häfner S. (2001): August Hinderer. Weg und Wirken eines Pioniers evangelischer Publizistik, Erlangen

Höher Fr. - Höher P. (1999): Handbuch Führungspraxis Kirche. Entwickeln, Führen, Moderieren, in zukunftsorientierten Gemeinden, Gütersloh

Huber St. G. (2013): Führungskräfteentwicklung - Handbuch, Köln

Jäger A. (1993): Konzepte für die Kirchenleitung der Zukunft. Wirtschaftsethische Analysen und theologische Perspektiven, Gütersloh

Kauffeld S. (2016): Nachhaltige Personalentwicklung und Weiterbildung, Betriebliche Seminare und Trainings entwickeln, Erfolge messen, Transfer sichern, Berlin -

Kost A.- Massing P. - Reiser M. (Hrsg.) (2020): Handbuch Demokratie, Frankfurt/ M.

Kunert J. (2020): Corona und Religionen. Religiöse Praxis in Zeiten der Pandemie, EZW - Texte Nr. 268/2020, Berlin

Körtner U. H.J. (2019). Evangelische Sozialethik, Göttingen

Kunz R. - Schlag Th. (Hrsg.) (2014): Handbuch für Kirchen- und Gemeindeentwicklung, Neunkirchen - Vluyn

Leitner H. (2007/2016): Einführung und Perspektiven auf den Spuren von Christoph Alexander, Graz

Manemann J. (2021): Revolutionäres Christentum. Ein Plädoyer, Bielefeld

Moos Th. (Hrsg.) (2018): Diakonische Kultur. Begriff, Forschungsperspektiven, Praxis Diakonie Bildung - Gestaltung - Organisation, Bd. 16, Stuttgart

Nipkow K.E. (1998): Bildung in einer pluralen Welt, Bd. 1, Gütersloh

Nünning A. - Nünning V. (Hrsg.) (2008): Einführung in die Kulturwissenschaften. Theoretische Grundlagen - Ansätze -Perspektiven, Stuttgart - Weimar

Pauer - Studer H. (2010): Einführung in die Ethik, UTB 2350, Wien

Pollack D.- Rosta G. (2016): Religion in der Moderne. Ein internationaler Vergleich, Bundeszentrale für Politische Bildung, Schriftenreihe Bd. 1751, Bonn

Preul R. (2008): Die soziale Gestalt des Glaubens. Aufsätze zur Kirchentheorie, Leipzig

Preul R. (2002): Kirche als Bildungsinstitution, in: Schweitzer Fr. (Hrsg.): Der Bildungsauftrag des Protestantismus, Gütersloh, 101-123

Preul R.- Schmidt - Rost R. (Hrsg.) (2000): Kirche und Medien, Gütersloh

Preul R. (1997): Kirchentheorie. Wesen, Gestalt und Funktionen der Evangelischen Kirche, Berlin - New York

Pollitt H. - E./ Leuthold M./ Preis A. (Hrsg.) (2007). Wege und Ziele evangelischer Schulen in Österreich, Münster - New York - München - Berlin

Rupp.H. - Scheilke Chr. - Schmidt H. (Hrsg.) (2002): Zukunftsfähige Bildung und Protestantismus, Stuttgart

Salzborn S. (Hrsg.) (2006): Minderheitenkonflikte in Europa, Fallbeispiele und Lösungsansätze, Innsbruck - Wien - Bozen

Schweidler W. (2018): Kleine Einführung in die Angewandte Ethik, Wiesbaden

Schweitzer Fr. (Hrsg.) (2002): Der Bildungsauftrag des Protestantismus, Gütersloh

Seufert S. (2013): Bildungsmanagement. Einführung für Studium und Praxis, Stuttgart

Süss D. - Lampert Cl. - Wijnen Chr. W. (2010): Medienpädagogik. Ein Studienbuch zur Einführung, Wiesbaden

Thome M. (Hrsg.) (1998): Theorie Kirchenmanagement. Potentiale des Wandels. Analysen - Positionen - Ideen, Bonn

Traunmüller R. (2014): Religiöse Vielfalt, Sozialkapital und gesellschaftlicher Zusammenhalt, - Religionsmonitor, Bertelsmann Stiftung, Gütersloh

Treichl D. - Mayer Cl. - H. (Hrsg.) (2011): Lehrbuch Kultur. Lehr- und Lernmaterialien zur Vermittlung kultureller Kompetenz, Münster - New York - München - Berlin

Utsch M. (Hrsg.) (2021): ABC der Weltanschauungen, EZW - Texte 272, Berlin, 122-129 (Freikirchen), 163-168 (Religionspolitik)

Volkmer M. - Werner K. (Hrsg.) (2020): Die Corona - Gesellschaft. Analysen zur Lage und Perspektiven für die Zukunft, Bielefeld

Teil III Politische Bildung in Erwachsenenbildung

1 Stellenwert Politischer Bildung

Von Interesse ist zunächst dieser Bildungsbereich, weil er besondere Bedeutung für das Gemeinwesen hat. Politische Bildung ist eine Conditio sine qua non für die Demokratie (vgl. SCHEIDIG 2016, 14).

Eine aktive Teilnahme und mündige Partizipation in einer Demokratie muss fortlaufend in Bildungsprozessen erworben und gefestigt werden(vgl. NEGT 2014, 21; SCHIELE 2004, 4).

Politische Bildung ermöglicht eine Orientierung in Staat und Gesellschaft zum Erkennen von Zusammenhängen, ebenso wird die Fähigkeit zur Wahrnehmung der Bürgerrolle vermittelt(vgl. ZEUNER 2011, 40).

Dazu gehören die Aneignung von Wissen über politische Akteure, Rahmenbedingungen und Prozesse sowie die Kenntnis von Wissensquellen zur Aktualisierung und Erweiterung politischen Wissens. Es geht um das Verständnis von sozialen, ökonomischen, historischen, kulturellen und globalen Zusammenhängen. Es bedarf der Befähigung zum Fällen fundierter politischer Urteile, der Begründung eigener Positionen und Meinungen, um Mündigkeit und Autonomie zu erlangen und zu wahren.

Ebenso bedarf es einer Qualifizierung für ein aktives Engagement für eine Partizipationsbereitschaft. Ein Mindestmaß an Identifikation mit dem politischen System ist erforderlich.

Basis und Fundament einer Politischen Bildung ist die Anerkennung und Internalisierung der Menschenrechte, demokratischer Grundwerte, verfassungsrechtlicher Normen und politischer Instanzen.

Politische Bildung vermittelt zwischen Individuum, Gesellschaft und Staat.

Gerade in der Erwachsenenpädagogik ergeben sich Erprobungen bzw. Übungen demokratischer Handlungs- und Verhaltensweisen. Der Lernort wird Information, Reflexion und Diskussion ermöglicht.

Politische Bildung in der Erwachsenenpädagogik versteht sich als Angebot bzw. pädagogische Herausforderung, Politische Bildung nicht mit dem Schulabschluss zu beenden.

Die Erweiterung der Lebensphase des Erwachsenenalters weist auf Veränderungen in politischen Kontexten, neue politische Problemstellungen und gesellschaftlich - kulturelle Herausforderungen hin.

Dies erfordert lebensbegleitende Politische Bildung (vgl. die IT - Autorenbeiträge ⬤ http://www.netzwerkgegengewalt.org > Index: Politische Bildung, Lernfeld Politik, Interkulturelle Kompetenz, Globales Lernen).

Migrationsprozesse des 21. Jahrhunderts weisen auf die zusätzliche Bedeutung politischer Erwachsenenbildung hin, da der Besuch entsprechender schulischer Unterrichtsfächer keineswegs vorausgesetzt werden kann.

Gerade in solchen Phasen ist der Bedarf und Anlass für politischen Lernen vorhanden (vgl. EIS - SALOMON 2014).

Allein schon das gesellschaftliche Phänomen einer Migration erfordert politische Maßnahmen.

2 Gegenstand und Inhalte

Die Bedeutung und Ziele politischer Erwachsenenbildung sind unbestritten, wichtig sind der Gegenstand und die Inhalte.

In der Erwachsenenbildung wird der Begriff "politische Erwachsenenbildung" verwendet(vgl. SCHEIDIG 2016, 131-134).

Der Begriff "Politikdidaktik" bzw. "Didaktik der Politischen Bildung" findet dagegen für die schulische Politische Bildung Verwendung. Dies betrifft in Österreich das Schulfach "Geschichte - Sozialkunde - Politische Bildung" (vgl. GAGEL 2000; SCHEIDIG 2016, 135-136).

Wenngleich politische Erwachsenenbildung alle Bildungsprozesse von und mit Erwachsenen außerhalb der Institutionen des primären, sekundären und tertiären Sektors

- hier allerdings kontrovers diskutiert und wohl neu zu bewerten sein wird - mit Wissen und Kompetenzen umfasst, vollziehen sich Bildungsprozesse auch im non - formalen und informellen Lernen (vgl. EUROPÄISCHE KOMMISSION 2000, 9 - 10).

Eine formale politische Erwachsenenbildung in Österreich findet nicht statt. Dies bedeutet, dass Politische Bildung außerhalb der ersten drei Bildungsbereiche des Bildungssystems nicht auf einen Erwerb von Abschlüssen und damit einer Zertifizierung abzielt.

Ein Lehramtsstudium des angesprochenen Schulfaches findet universitär für die AHS und BMS/ BHS, hochschulmäßig für die APS statt.

Universitätslehrgänge für Politische Bildung mit Masterabschluss umfassen politische Erwachsenenbildung, nicht aber ein schulisches Lehramt. Sie gelten als eine qualifizierte postgraduale Fortbildung bzw. schulisch als qualifizierte Weiterbildung.

Traditionelle Lernorte der Erwachsenenbildung bieten ohne Zertifizierung Politische Bildung in einem relativ abgegrenzten Bereich an(vgl. die Angebote der Volkshochschulen, Gewerkschaftlichen Erwachsenenbildung und konfessionellen Erwachsenenbildung/Bildungshäuser?, Bildungswerke und Akademien).

Jenseits dieser Teilbereiche sind in den Angeboten anderer Themenbereiche politische Aspekte vorhanden, etwa in Trainings berufsbezogener Bewerbungsgespräche, Kommunikationsseminaren, Konfliktlösungstrainings und interkulturellen Seminaren. Politische Argumentation kommt auch in Veranstaltungen zur Philosophie vor (vgl. Politische Ethik).

Eine politische Erwachsenenbildung findet ihre Grundlage in ihrem Politikverständnis, das sich auf ROHE (1994)in seinem dreidimensionalen Politikmodell bezieht. Die angeführten drei Dimensionen, zwischen denen sich (verschränkt) Politik entfaltet, bilden den Bezugsrahmen für Politische Bildung (vgl. ROHE 1994, 61-67; MASSING 2013, 102).

- Polity umfasst den Handlungsrahmen der Politik - Verfassung, politisches System, politische Kultur und Strukturen, Werte und Normen.

- Policy umfasst Inhalte der Politik - politische Programme und Themen, Gesetze, Problemstellungen und Ergebnisse.

- Politics umfasst den Prozess des Politischen - Interessen, Akteure, Willensbildung, Entscheidungsfindung, Konflikt und Konsens, Einfluss und Durchsetzung, Legitimation.

Bezugswissenschaften einer politischen Erwachsenenbildung sind

in der inhaltlichen Perspektive die Politikwissenschaft, Geschichtswissenschaft, Soziologie, Wirtschaftswissenschaft, Medienwissenschaft, Kulturwissenschaft und Philosophie,

in der Vermittlung von Politik und dem Wissens- bzw. Kompetenzerwerb die Erziehungs- bzw. Bildungswissenschaft mit ihren Teildisziplinen zuständig. Wesentlich ist ihr Teilbereich "Erwachsenenbildung".

Eine eigene Bezugswissenschaft bildet die Fachdidaktik (vgl. GAGEL 2000). Grundlegende Erkenntnisse betreffen die Inhaltsstruktur (S. 57-99), die Inhaltsauswahl (S. 109-179) und kognitive Lerntheorien (S. 224-270). Eine geschlossene Theorie einer Didaktik der politischen Erwachsenenbildung fehlt dzt. allerdings.

Beispielhaft soll eine Bildung zur Menschlichkeit in der Erwachsenenbildung angesprochen und als Schritt zur einer Gesellschaft von morgen vorgestellt werden (vgl. WALZER 2019).

Völkerrechtliche Anstrengungen zur Durchsetzung von Menschlichkeit (Humanität) genügen nicht, notwendig ist auch ihre Pflege als Grundlage einer Gesellschaft. Dazu bedarf es einer Kultivierung, auch in der Erwachsenenpädagogik.

Basis sind die "Sustainable Development Goals der Vereinten Nationen" mit der

Bekämpfung der Armut,

Bekämpfung von Hunger,

Gesundheit und Wohlergehen,

hochwertige Bildung,

Geschlechtergleichheit,

sauberes Wasser und sanitäre Einrichtungen,

bezahlbare und saubere Energie,

menschenwürdige Arbeit und Wirtschaftswachstum

Industrie, Innovation und Infrastruktur,

weniger Ungleichheiten.

nachhaltige Städte und Gemeinden,

nachhaltiger Konsum und Produktion,

Maßnahmen zum Klimaschutz,

Leben unter Wasser,

Leben am Land,

Frieden, Gerechtigkeit und starke Institutionen sowie

Partnerschaften zur Erreichung der Ziele (vgl. WALZER 2019, 10).

Ein hohes Maß an Bildung und ein wertebasiertes soziales Umfeld erleichtert die Spannung zwischen einer De - Realisierung und einem mitmenschlichen Verhalten, wobei eine zunehmende Digitalisierung und ein Verständnis für die virtuelle Welt - man denke nur an Informationssteuerung und Datenhandel - zunehmend zu beachten sind.

Mit der Diversifizierung der Gesellschaft (en) und Individualisierung erfolgt die Frage nach der eigenen Identität. Die Antwort auf "wer bin ich?" und "wo gehörte ich dazu?" ist einfach, denn alle Menschen haben Grundbedürfnisse.

Es bedarf einer gewissen Selbstreflexion und einer Persönlichkeitsentwicklung (vgl. die pädagogischen Herausforderungen in einer Erwachsenenbildung).

Zu beachten sind neben ethisch - moralischen Prinzipien eine Handlungsfähigkeit. Zu fordern sind selbständiges Denken, Hinterfragen von Gewohnheiten und aktive Lösungsfindung (vgl. die IT - Autorenbeiträge 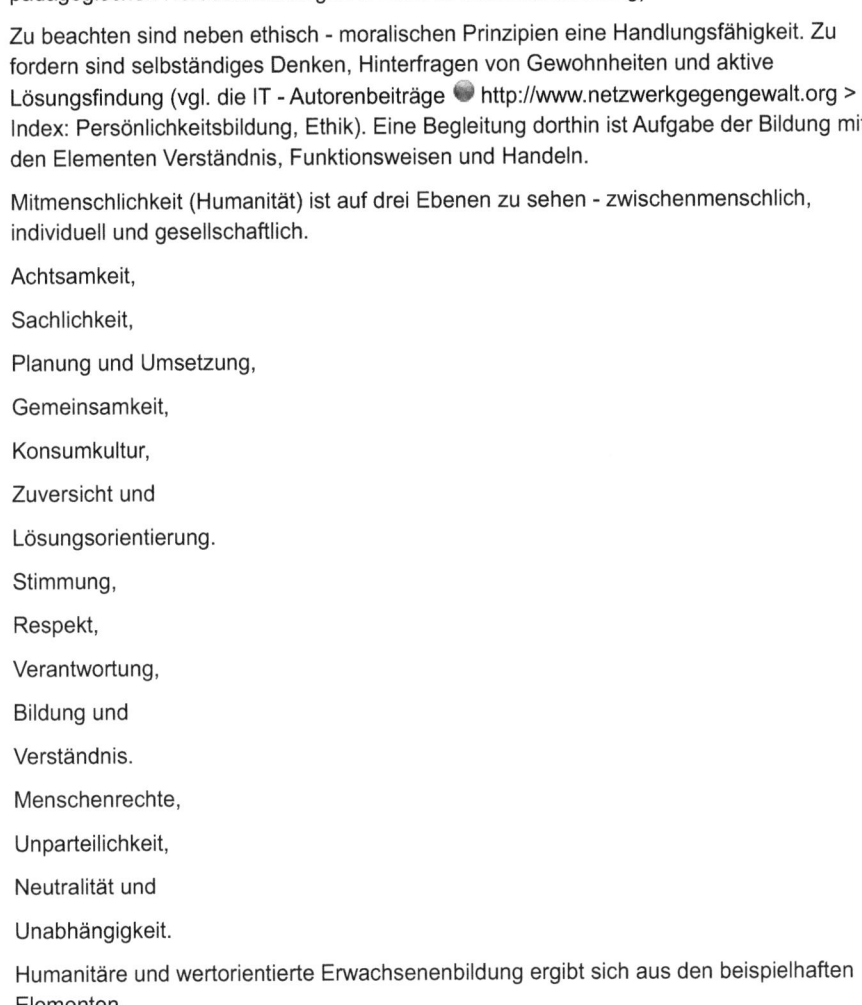 http://www.netzwerkgegengewalt.org > Index: Persönlichkeitsbildung, Ethik). Eine Begleitung dorthin ist Aufgabe der Bildung mit den Elementen Verständnis, Funktionsweisen und Handeln.

Mitmenschlichkeit (Humanität) ist auf drei Ebenen zu sehen - zwischenmenschlich, individuell und gesellschaftlich.

Achtsamkeit,

Sachlichkeit,

Planung und Umsetzung,

Gemeinsamkeit,

Konsumkultur,

Zuversicht und

Lösungsorientierung.

Stimmung,

Respekt,

Verantwortung,

Bildung und

Verständnis.

Menschenrechte,

Unparteilichkeit,

Neutralität und

Unabhängigkeit.

Humanitäre und wertorientierte Erwachsenenbildung ergibt sich aus den beispielhaften Elementen

eines Engagements der Freiwilligkeit ("Ehrenamtlichkeit"),

Übungen zum Perspektivenwechsel (vgl. etwa Not, Armut, Hunger, Flucht und Migration),

Projekt "Diakonisches Lernen und Lehren" (vgl. IT - Autorenbeitrag 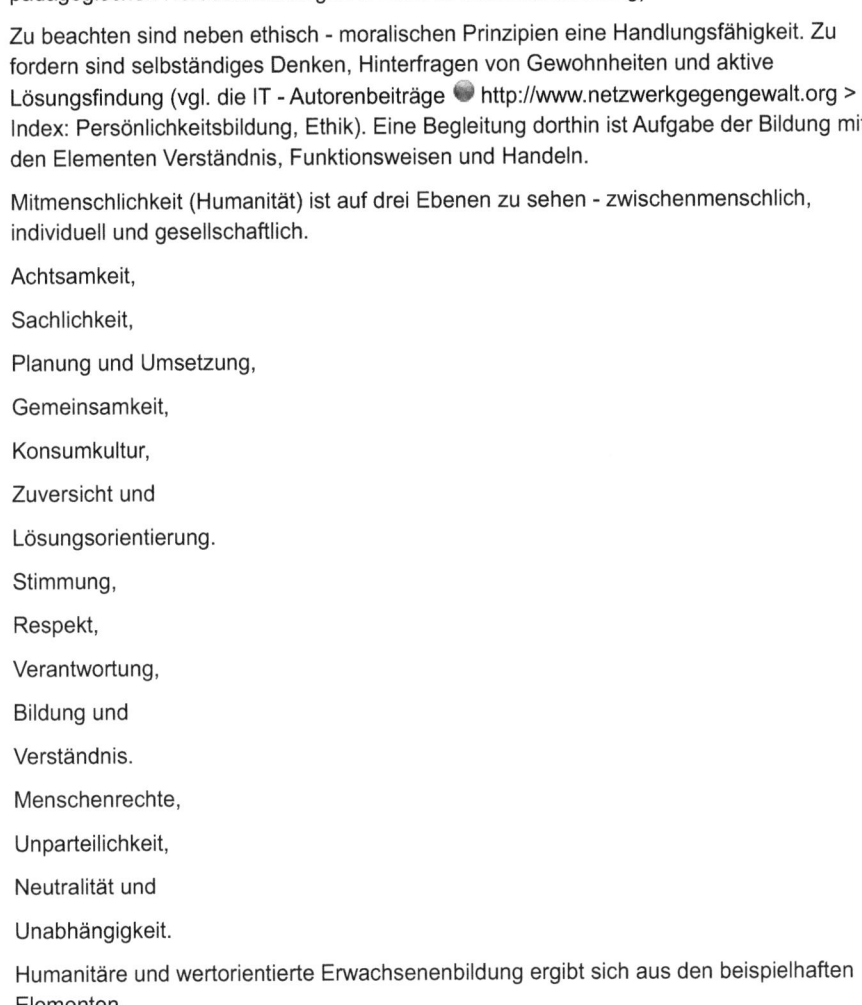 http://www.netzwerkgegengewalt.org > Diakonisches Lernen und Lehren),

Medienarbeit - humanitäre Themen,

Elternarbeit - Gesundheit der Schwangeren, Alltag mit Kindern, Pubertät und Adoleszenz, Familie - Kompetenzerwerb

Spezifische Erwachsenenbildung - Politische Bildung, Interkulturelle Kompetenz, sozial - mediale Praxis, Vorberufliche Bildung -Arbeitsmarktorientierte Erwachsenenbildung, Persönlichkeitsbildung, Altersbildung - Selbstbild - Wohlgefühl -Glück - geistige und körperliche Beweglichkeit - Lebenskraft - Ruhe - Beziehungen, Übergang Arbeitsleben - Pensionierung, Mitmenschlichkeit am Lebensende (vgl. IT - Autorenbeiträge ⬤ http://www.netzwerkgegengewalt.org > Index: Politische Bildung, Interkulturelle Kompetenz, Medienarbeit, Vorberufliche Bildung in Österreich, Persönlichkeitsentwicklung, Altersbildung)

3 Buchbesprechung

Kritische Erwachsenenbildung - Buchpräsentation und Podiumsdiskussion/ Wien 2013

Ingolf Erler - Daniele Holzer - Christian Kloyber - Erich Ribolits (Hrsg.) (2012): Kritisch denken: für eine andere Erwachsenenbildung, Innsbruck - Wien - Bozen, 158 Seiten, Schulheft 148/2012, Titelnummer STV 5185

Die Podiumsdiskussion "Bildung im Gespräch" Ende Mai 2013 in der Wiener Hauptbücherei wies auf die "dunklen" Seiten lebensbegleitenden Lernens hin und stellte das "schulheft Kritisch denken: für eine andere Erwachsenenbildung" vor.

Gewisse Standardsätze über das lebensbegleitende Lernen (LLL) sollten überdacht werden. Neben der Integration von Individuen sollten auch die Gegebenheiten hinterfragt werden.

Elke GRUBERs Beitrag setzt sich mit der Kritik in und an der Erwachsenenbildung auseinander, wobei Reflexionsfähigkeit und Autonomie verbunden mit Mut, sich des eigenen Verstandes zu bedienen, notwendig seien. Das Berufsfeld leidet seit seiner Konstituierung an einem Anerkennungsdefizit auf beiden Ebenen, wobei Kompetenzen, Berufsmodi und Rahmenbedingungen ergänzungsbedürftig sind.

Oskar NEGTs Credo für eine Demokratie und die Kritikfähigkeit ist ein lebenslanger Prozess (S. 116-118).

Erich RIBOLITS' Kritik an den bestehenden Verhältnissen mit der Begründung auf den Konkurrenzdruck auf dem Arbeitsmarkt(S. 41-55) bedarf der Ergänzung, dass Freiräume in zeitlicher und finanzieller Hinsicht vorauszusetzen seien. Dazu könnten kürzere Arbeitszeiten und ein Grundeinkommen beitragen.

Kritische Fragen ergeben die Auseinandersetzung mit Inhalten, die Diskussion um verwertbares berufliches Wissen, politische Erwachsenenbildung und ggf. eigene Aktivitäten, die negative Konsequenzen haben könnten. Begrifflichkeiten wie Fort-, Weiter- Allgemein- und Berufsbildung sowie "Lebenslanges Lernen" (LLL) gehören geklärt (vgl. Christian KLOYBER/ bifeb in der Diskussion).

Der Begriff "Bildungsferne" im Kontext mit LLL bedarf einer Analyse, denn welche Bildung ist gemeint, wer ist von welcher Bildung entfernt?

IT - Hinweis:

Initiative "Kritische Erwachsenenbildung" > ● http://kritische-eb.at/wordpress/?undefined (14.6.2013)

Literaturhinweise Teil III

Amt und Gemeinde (2010): Schwerpunktnummer "Migration einst und heute", Heft 3/2010

Arnold R. - Nuissl E. - Rohs M. (2017): Einführung in die Erwachsenenbildung. Eine Einführung in Grundlagen, Probleme und Perspektiven, Baltmannsweiler

Axmacher D. (1990): Widerstand gegen Bildung - Zur Rekonstruktion einer verdrängten Welt des Wissens, Weinheim

Baethge M. (1999): Subjektivität als Ideologie. Von der Entfremdung in der Arbeit zur Entfremdung auf dem Arbeitsmarkt?, in: Schmidt G.(Hrsg.): Kein Ende der Arbeitsgesellschaft. Arbeit, Gesellschaft und Subjekt im Globalisierungsprozess, Berlin, 29-44

Bandura A. (1977): Social Learning Theory, New York

Bechtel M. - Lattke S. - Nuissl E. (2005): Porträt Weiterbildung Europäische Union, Bielefeld

Becker M. - Gracht H. von der (2014): Lernen im Jahr 2030 - Von Bildungsavataren, virtuellen Klassenräumen und Gehirn-Doping in der Führungs- und Fachkräfteentwicklung, Institute of Corporate Education, Berlin

Beer W. - Cremer W. - Massing P. (Hrsg.) (1999): Handbuch politische Erwachsenenbildung, Schwalbach/ Ts.

Beher K. - Liebig R. - Rauschenbach T. (2000): Strukturwandel des Ehrenamtes - Gemeinwohlorientierung im Modernisierungsprozess, Weinheim

Beinke L. (2006): Berufswahl und ihre Rahmenbedingungen. Entscheidungen im Netzwerk der Interessen, Frankfurt/M. -Berlin - Bern - Bruxelles - New York - Oxford - Wien

Bergauer A. - Dvorak J. - Stinner G. (2016): Zur Entwicklung der Erwachsenenbildung in Österreich nach 1945, Bd. 2 der Schriftenreihe "Wiener Moderne" des Instituts für Wissenschaft und Kunst(WK), Frankfurt/ M.

Bolder A. - Hendrich W. (2000): Fremde Bildungswelten. Alternative Strategien lebenslangen Lernens, Opladen

Bolder A. (2011): Das lebenslange Lernen, die Beteiligung daran und die Bildungspolitik. Und das lebenslange Lernen, die Beteiligung...., in: Holzer D. - Schröttner A. - Sprung A. (Hrsg.) (2011): Reflexionen und Perspektiven der Weiterbildungsforschung, Münster - New York - München - Berlin, 53-66

Boronski F. (1986): 40 Jahre Heimvolksschule Bildungszentrum Jagdschloss Göhrde, Göhrde

Brauer M. (2014): An der Hochschule lehren. Praktische Ratschläge, Tricks und Lehrmethoden, Berlin-Heidelberg

Brödel R. - Nettke T. - Schütz J. (Hrsg.) (2014): Lebenslanges Lernen als Erziehungswissenschaft, Bielefeld

Busse von Colbe W. - Coenenberg A.G. - Kajüter P. - Linnhoff U. - Pellens B. (Hrsg.) (2011): Betriebswirtschaft für Führungskräfte. Eine Einführung für Ingenieure, Naturwissenschaftler, Juristen und Geisteswissenschaftler, Stuttgart

Bücker N. - Seiverth A. (2019): Erwachsenenbildung. Empirische Befunde und Perspektiven. Evangelische Bildungsberichterstattung, Bd. 3, Münster

Datta A. (Hrsg.) (2005): Transkulturalität und Identität. Bildungsprozesse zwischen Exklusion und Inklusion, Frankfurt/ M.

Detel W. (2007): Habermas und die Methodologie kritischer Theorien, in: Winter R. - Zima P.v. (Hrsg.): Kritische Theorie heute, Bielefeld, 177-202

Deutscher Bildungsrat (1970): Empfehlungen der Bildungskommission. Strukturplan für das Bildungswesen, Bad Godesberg

Dichatschek G. (2005a): Maßnahmen in der Lehrerbildung zur Verhinderung von Gewalt und Fremdenfeindlichkeit. Ein Beitrag zur politischen Bildung/ Erziehung in Österreich, in: Erziehung und Unterricht 3-4/2005, 357-367

Dichatschek G. (2005b): Theorie und Praxis evangelischer Erwachsenenbildung, in: AMT und GEMEINDE, Heft 7/8 2005, 126-130

Dichatschek G. (2007): Lebens- und Lernbedingungen von Kindern und Heranwachsenden in der EU. Ein Beitrag zur politischen und Menschenrechtsbildung im Rahmen von "Education for Democratic Citizenship", In: Erziehung und Unterricht 1-12/2007, 129-138

Dichatschek G. (2008a): Politische Bildung in Schloss Hofen - Rückblick, Rundblick und Ausblick eines Teilnehmers, in: Klepp C.-Rippitsch D. (Hrsg.) (2008): 25 Jahre Universitätslehrgang Politische Bildung in Österreich, Wien, 133-136

Dichatschek G. (2008b): Aspekte der vorberuflichen Bildung in Schule und Hochschule, in: Erziehung und Unterricht 5-6/2008, 445-451

Dichatschek G. (2008c): Geschichte und Theorieansätze der politischen Bildung/Erziehung in Österreich - unter besonderer Berücksichtigung vorberuflicher Bildung/Erziehung. Master Thesis: Universitätslehrgang MSc - Politische Bildung, Alpen-Adria Universität Klagenfurt/Fakultät für Kulturwissenschaft, Juni 2008

Dichatschek G. (2012/2013): Ehrenamtlichkeit in der Erwachsenenbildung, in: AMT und GEMEINDE, Heft 4, 2012/2013, 688-692

Dichatschek G. (2015): Mitarbeiterführung von Ehrenamtlichen, Saarbrücken

Dichatschek G. (2017): Erwachsenen- bzw. Weiterbildung. Ein Beitrag zu Theorie und Praxis von Fort- bzw. Weiterbildung, Saarbrücken

Dichatschek G. (2018): Theorie und Praxis Evangelischer Erwachsenenbildung. Evangelische Erwachsenenbildung bzw. Weiterbildung und Religionslehrerausbildung in Österreich - Politische Bildung, Saarbrücken

Dichatschek G. (2020): Erwachsenenpädagogik -Theorie, Praxis und Professionalität in Volkshochschulen und Weiterbildung, Saarbrücken

Dietrich St. (2001): Zur Selbststeuerung des Lernens, in: Dietrich St.(Hrsg.): Selbstgesteuertes Lernen in der Weiterbildungspraxis, Bielefeld, 19-28

Dobischat R./ Hufer Kl. - P. (Hrsg.) (2014): Weiterbildung im Wandel. Profession und Profil auf Profitkurs, Schwalbach/ Ts.

Döring K.W. (2008): Handbuch Lehren und Training in der Weiterbildung, Weinheim - Basel

Dummann K. - Jung K. - Lexa S. - Niekrenz Y. (2007): Einsteigerhandbuch Hochschullehre. Aus der Praxis für die Praxis, Darmstadt

Ehses Chr./ Heinen - Tenrich J./ Zech R. (2001): Das lernorientierte Qualitätsmodell für Weiterbildungsorganisationen, Hannover

Eis A. - Salomon D. (Hrsg.) (2014): Gesellschaftliche Umbrüche gestalten. Transformationen in der Politischen Bildung, Schwalbach/ Ts.

Engartner T. (2010): Didaktik des Ökonomie- und Politikunterrichts, Paderborn

Erler I. (2014): Erwachsenenbildung in Zeiten der Unsicherheit, in: Erler I. - Holzer D. - Kloyber Chr. - Schuster W. - Vater St. (Hrsg.): Wenn Weiterbildung die Antwort ist, was war die Frage?, Schulheft 156/2014, Innsbruck, 49-60

Eß O. (Hrsg.) (2010): Das Andere lernen. Handbuch zur Lehre Interkultureller Handlungskompetenz, Münster - New York -München - Berlin

Europäische Kommission (2000): Memorandum über lebenslanges Lernen. Materialien zur Erwachsenenbildung Nr. 1/2001, Bundesministerium für Bildung, Wissenschaft und Kultur, Wien 2001

Europäische Kommission (2001): Mitteilung der Kommission. Einen europäischen Raum des lebenslangen Lernens schaffen, Brüssel/21.11.2001, KOM (2001)678

Europäische Kommission (2006): Mitteilung der Europäischen Kommission. Erwachsenenbildung: Man lernt nie aus, Brüssel/23. 10.2006, KOM (2006)614

Europäische Kommission (2007): Mitteilung der Kommission an den Rat, das Europäische Parlament, den Europäischen Wirtschafts- und Sozialausschuss und den Ausschuss der Regionen: Aktionsplan Erwachsenenbildung. Zum Lernen ist es nie zu spät, Brüssel/27.9.2007, KOM (2007)558

Evangelische Arbeitsstelle Fernstudium im Comenius - Institut (2013/2014): Grundkurs Erwachsenenbildung, Frankfurt/ M.

Evangelischer Oberkirchenrat A. und H.B.: Kundmachung vom 24. März 1997, Zl. 2630/97 "Kommission für Bildungsarbeit/ Arbeitsauftrag der Bildungskommission"

Faltermaier T. - Mayring P. - Saup W. - Stremel P. (2002): Entwicklungspsychologie des Erwachsenenalters, Stuttgart

Faustich P. - Bayer M. (Hrsg.) (2006): Lernwiderstände. Anlässe von Vermittlung und Beratung, Hamburg, 26-38

Faustich P. - Zeuner Chr. (2001): Erwachsenenbildung und soziales Engagement, Bielefeld

Faulstich P. - Zeuner Chr. (2006/2008): Erwachsenenbildung. Eine handlungsorientierte Einführung in Theorie, Didaktik und Adressaten, Weinheim

Faulstich P. (2013): Menschliches Lernen. Eine kritisch - pragmatische Lerntheorie, Bielefeld

Festinger L. (2012): Theorie der kognitiven Dissonanz, Bern

Filla W. (2014a): Kritische Erwachsenenbildung - Kritik in der Erwachsenenbildung, in: Erler I. - Holzer D.- Kloyber Chr.- Schuster W. - Vater St. (Hrsg.): Wenn Weiterbildung die Antwort ist, was war die Frage?, in: Schulheft 156/2ß014, Innsbruck, 28-36

Filla W. (2014b); Von der freien zur integrierten Erwachsenenbildung. Zugänge zur Geschichte der Erwachsenenbildung in Österreich, Frankfurt/ M.

Fieldhouse R. (2004): Communita Education, in: Federighi P. - Nuisll E. (Hrsg.): Weiterbildung in Europa. Begriffe und Konzepte, Bonn, 37 > http://www.die-bonn.de/esprid/dokumente/doc-2000/federighi00_01.pdf (3.6.2013)

Finckh H.J. (2009): Erwachsenenbildungswissenschaft. Selbstverständnis und Selbstkritik, Wiesbaden

Fleige M. (2009): Diskurse über Lernkulturen in der Erwachsenenbildung und ihr Beitrag zur transkulturellen Bildungsarbeit, in: Gieseke W. - Robak S. - Wu - L. (Hrsg.) (2009: Transkulturelle Perspektiven auf Kulturen des Lernens, Bielefeld, 169-188

Fleige M. (2011): Lernkulturen in der öffentlichen Erwachsenenbildung. Theorieentwickelnde und empirische Betrachtungen am Beispiel evangelischer Träger - Internationale Hochschulschriften, Bd. 554, Münster

Forneck H.J. (2006): Selbstlernarchitekturen, Baltmannsweiler

Forneck H.J. (2009): Die Bildung erwachsener Subjektivität - Zur Gouvernementalität der Erwachsenenbildung, in: Giesecke W./ Robak S. /Wu M.- L. (Hrsg.) (2009): Transkulturelle Perspektiven auf Kulturen des Lernens, Bielefeld, 67-102

Forneck H.J. (2005): Ein parzelliertes Feld. Eine Einführung in die Erwachsenenbildung, Bielefeld

Gagel W. (2000): Einführung in die Didaktik des politischen Unterricht. Ein Studienbuch, Opladen

Gieseke W./ Robak S./ Wu M.-L. (Hrsg.) (2009): Transkulturelle Perspektiven auf Kulturen des Lernens, Bielefeld

Goeudevert D. (2001): Der Horizont hat Flügel. Die Zukunft der Bildung, München

Göhlich M. (2006): Transkulturalität als pädagogische Herausforderung, in: Zeitschrift für internationale Bildungsforschung und Entwicklungspädagogik 4/2006, 2-7

Gruber E. (2007): Alter und lebenslanges Lernen, in: Gruber E. - Kastner M. - Brünner A. - Huss S. - Kölbl K. (Hrsg.): Arbeitsleben 45plus. Erfahrungen, Wissen & Weiterbildung - Theorie trifft Praxis, Klagenfurt, 15-29

Gruber E. - Kastner M. - Brünner A. - Huss S. - Kölbl K. (Hrsg.) (2007): Arbeitsleben 45plus. Erfahrungen, Wissen & Weiterbildung - Theorie trifft Praxis, Klagenfurt

Gruber E. - Wiesner G. (Hrsg.) (2012): Erwachsenenpädagogische Kompetenzen stärken. Kompetenzbilanzierung für Weiterbildner/innen, Bielefeld

Gruber E. - Lenz W. (2016): Erwachsenen- und Weiterbildung Österreich, Bielefeld

Hacker W. (1986): Arbeitspsychologie - Psychische Regulation von Arbeitstätigkeiten, Bern

Hastedt H. (Hrsg.) (2012): Was ist Bildung. Eine Textanthologie, Stuttgart

Heckhausen H. (1989): Motivation und Handeln, Berlin

Heckhausen H. - Gollwitzer P.M. (1986): Information processing before and after the formation of an intent, in: Klix F. - Hagendorf H. (Hrsg.): Human Memory and cognitive capabilities: Mechanismen and performances, Amsterdam, 1071-1082

Hellmuth Th. - Klepp C. (2010): Politische Bildung. Geschichte - Modelle - Praxisbeispiele, UTB 3222, Wien - Köln -Weimar

Heran - Dörr E./ Kahlert J./ Wiesner H. (2007): Lehrerfortbildung zwischen Theorie und Praxis. Erfahrungen mit einem unterrichtsbezogenen Konzept, in: Die Deutsche Schule 3/2007, 357-366

Hermann U. (2012): Neurodidaktik - neue Wege des Lehrens und Lernens, in: Hermann U. (Hrsg.): Neurodidaktik: Grundlagen und Vorschläge für gehirngerechtes Lehren und Lernen, Weinheim, 9-17

Herold S. - Herold M. (2011): Selbstorganisiertes Lernen in Schule und Beruf. Gestaltung wirksamer und nachhaltiger Lernumgebungen, Weinheim - Basel

Heyse V. - Erpenbeck J. (2009): Kompetenztraining. 64 Mudulare Infomations- und Trainingsprogramme für die betriebliche, pädagogische und psychologische Praxis, Stuttgart

Hippel A. von/ Tippelt R. (Hrsg.) (2009): Fortbildung der Weiterbildner/innen. Eine Analyse der Interessen und Bedarfe aus verschiedenen Perspektiven, Weinheim - Basel

Holzer D. (2017): Weiterbildungswiderstand. Eine kritische Theorie der Verweigerung, Bielefeld

Holzer D. - Schröttner B. - Sprung A. (Hrsg.) (2011): Reflexionen und Perspektiven der Weiterbildungsforschung, Münster - New York - München - Berlin

Höher F. - Höher P. (1999): Handbuch Führungspraxis Kirche. Entwickeln - Führen - Moderieren in zukunftsorientierten Gemeinden, Gütersloh

Huber W. (1998): Kirche in der Zeitenwende. Gesellschaftlicher Wandel und Erneuerung in der Kirche, Gütersloh

Hufer Kl. - P. (2007): Politische Bildung in der Erwachsenenbildung, in: Sander W. (Hrsg.): Handbuch politische Bildung, Bundeszentrale für politische Bildung, Schriftenreihe Bd. 476, Bonn, 300-311

Hufer Kl. - P. (2016): Politische Erwachsenenbildung. Plädoyer für eine vernachlässigte Disziplin, Bundeszentrale für politische Bildung, Schriftenreihe Bd. 1787, Bonn

Hufer Kl. - P./ Richter D. (Hrsg.) (2013a): Politische Bildung als Profession. Verständnisse und Forschungen. Perspektiven politischer Bildung, Bonn

Hufer Kl. - P./ Richter D. (Hrsg.) (2013b): Politische Bildung als Profession. Verständnisse und Forschungen, Bundeszentrale für politische Bildung, Schriftenreihe Bd. 1355, Bonn

Illeris K. (2006): Das "Lerndreieck". Rahmenkonzept für ein übergreifendes Verständnis vom menschlichen Lernen, in: Nuissl E. (Hrsg.) (2006): Vom Lernen zum Lehren. Lern- und Lehrforschung für die Weiterbildung, Bielefeld, 29-41

Illeris K. (2010): Lernen verstehen: Bedingungen erfolgreichen Lernens, Bad Heilbrunn

Kasper H. - Mayrhofer W. (Hrsg.) (2002): Personalmanagement - Führung - Organisation, Wien

Kauffeld S. (2016): Nachhaltige Personalentwicklung und Weiterbildung. Betriebliche Seminare und Trainings entwickeln, Erfolge messen, Transfer sichern, Berlin - Heidelberg

Klampfer A. (2005): Wikis in der Schule. Eine Analyse der Potentiale im Lehr-/Lernprozess, Abschlussarbeit im Rahmen der B.A. - Prüfung im Hauptfach Erziehungswissenschaft/ Lehrgebiet Bildungstechnologie - Fachbereich Kultur- und Sozialwissenschaften der Fern Universität in Hagen

Klingovsky U. (2009): Schöne neue Lernkultur? Transformationen der Macht in der Weiterbildung. Eine gouvernementalitätstheoretische Analyse, Bielefeld

Knoll J. (2003): Etwas bewegen wollen - Lernunterstützung für ehrenamtliche Vereinsarbeit, Berlin

Knowles M.S .- Holton E. - Swanson R.A. (2007): Lebenslanges Lernen. Andragogik und Erwachsenenlernen, München

Kolb D.A. (1984): Experiential learning. Experience as the Source of Learning and Development, Englewood Cliffs

Köcher R. - Bruttel O. (2013): Generali Altersstudie 2013. Wie ältere Menschen leben, denken und sich engagieren (Originalausgabe), Frankfurt/ M.

Küchler F. von (2007): Von der Rechtsformveränderung zur Neupositionierung - Organisationsveränderungen als zeitgenössische Herausforderungen der Weiterbildung, in: Küchler F. von (Hrsg.): Organisationsveränderungen von Bildungseinrichtungen. Vier Fallbeispiele für den Wandel in der Weiterbildung, Bielefeld, 7-29

Krämer H. - Kunze A.B. - Kuypers H. (Hrsg.) (2013): Beruf: Hochschullehrer. Ansprüche, Erfahrungen, Perspektiven, Paderborn

Kruse A.-Rudinger G. (1997): Lernen und Leistung im Erwachsenenalter, in: Weinert F.-Mandl H.(Hrsg.)(1997): Psychologie der Erwachsenenbildung, Göttingen, 45-85

Langenohl A. - Polle R. - Weinberg M. (Hrsg.) (2015): Transkulturalität. Klassische Texte, Bielefeld

Lehr U. (2005): Heute gejagt - morgen gefragt?, in: Weiterbildung, Heft 3, 20-23

Lenk Chr.(2010): Freiberufler in der Weiterbildung. Empirische Studie am Beispiel Hessen, Bielefeld

Lenz W. (Hrsg.) (1998): Bildungswege. Von der Schule zur Weiterbildung, Innsbruck

Lenz W. (1999): On the Road Again. Mit Bildung unterwegs, Innsbruck

Lipowsky F. (2004): Was macht Fortbildung für Lehrkräfte erfolgreich?, in: Die Deutsche Schule 96/2004, 462-479

Locke E.A. - Latham G.P. (1990): A theory of goal setting and Task performance, Englewood Cliffs, NJ

Maslow A. (1960): Motivation and Personality, New York

Massing P. (2013): Was ist Politik? Definition und Zusammenhänge, in: Hufer Kl.-P./ Länge Th./ Menke B./ Overwien B./ Schudoma L. (Hrsg.): Wissen und Können. Wege zum professionellen Handeln in der politischen Bildung, Schwalbach/ Ts., 100-102

Massing P. (2014): Theoretische Grundlagen für die Praxis politischer Bildung, in: Lange D. - Oeftering T. (Hrsg.): Politische Bildung als lebenslanges Lernen, Schwalbach/Ts., 75-8

Mecheril P. (2004): Einführung in die Migrationspädagogik, Weinheim

Mecheril P. - Seukwa L. (2006): Transkulturalität als Bildungsziel? Spektivische Bemerkungen, in: Zeitschrift für internationale Bildungsforschung und Entwicklungspädagogik 4/2006, 8-13

Meueler E. (2009): Didaktik der Erwachsenenbildung - Weiterbildung als offenes Projekt, in: Tippelt R. - v. Hippel A. (Hrsg.) (2009): Handbuch Erwachsenenbildung/ Weiterbildung, Wiesbaden, 973-987

Mollenhauer Kl. (2007): Erziehung und Emanzipation, in: Baumgart H. (Hrsg.): Erziehungs- und Bildungstheorien. Erläuterungen - Texte - Arbeitsaufgaben, Bad Heilbrunn, 251-259

Negt O. (1991): Phantasie, Arbeit, Lernen, Erfahrung - Zur Differenzierung und Erweiterung der Konzeption "Soziologische Phantasie und exemplarisches Lernen", in: Arbeit und Politik - Mitteilungsblätter der Akademie für Arbeit und Politik an der Universität Bremen, H. 8/1991, 11-15

Negt O. (1997): Kindheit und Schule in einer Welt der Umbrüche, Göttingen

Negt O. (2012): Gesellschaftsentwurf Europa, Göttingen

Negt O. (2014): Politische Bildung und Europäische Integration - Ein lebenslanger Lernprozess für alle Europäer, in: Lange D. - Oeftering T. (Hrsg.): Politische Bildung als lebenslanges Lernen, Schwalbach/Ts., 15-22

Nipkow K.E. (1991): Lebensbegleitung und Verständigung in der pluralistischen Gesellschaft. Erwachsenenbildung in evangelischer Verantwortung, in: Friedenthal - Hasse M. u.a. (Hrsg.): Erwachsenenbildung im Kontext, Bad Heilbrunn, 75-89

Noe R.A.(2003): Employee Training and development, New York

Nolda S. (2004): Das Verdrängen des Lerners durch das Lernen. Zum Umgang mit Wissen in der Wissensgesellschaft, in: Meister D.M. (Hrsg.)(2004): Online - Lernen und Weiterbildung, Wiesbaden, 29-42

Nolda S. (2008): Grundwissen Erziehungswissenschaft. Einführung in die Theorie der Erwachsenenbildung, Darmstadt

Nuissl E. (2016): Keine lange Weile. Texte zur Erwachsenenbildung aus fünf Jahrzehnten, Bielefeld

Nuissl E. - Lattke S. - Pätzold H. (2010): Europäische Perspektiven der Erwachsenenbildung. Studientexte für Erwachsenenbildung, Bielefeld

Opaschowski H.W. (2006a): Das Moses Prinzip. Die 10 Gebote des 21. Jahrhunderts, Gütersloh

Opaschowski H.W. (2006b): Einführung in die Freizeitwissenschaft, Wiesbaden

Opaschowski H.W. (2006c): Deutschland 2020. Wie wir morgen leben - Prognosen der Wissenschaft, Wiesbaden

Öztürk H. (2014): Migration und Erwachsenenbildung. Studientexte zur Erwachsenenbildung, Bielefeld

Peters R. (2004): Erwachsenenbildungsprofessionalität. Ansprüche und Realitäten, Bielefeld

Pfäffli B.K. (2005): Lehren an Hochschulen. Eine Hochschuldidaktik für den Aufbau von Wissen und Kompetenzen, Bern -Stuttgart - Wien

Pongratz H. - Voß G.G. (2003): Arbeitskraftunternehmer: Erwerbsorientierung in entgrenzten Arbeitsformen, Berlin

Pries L. (2001): Internationale Migration, Bielefeld

Pries L. (2006): Verschiedene Formen der Migration - verschiedene Wege der Integration, in: neue praxis, Sonderheft 8/2006: Soziale Arbeit in der Migrationsgesellschaft, 19-28

Raithel J. - Dollinger B. - Hörmann G. (2005): Einführung Pädagogik - Begriffe. Strömungen. Klassiker. Fachrichtungen (Erwachsenenbildung), Wiesbaden

Reifenhäuser C. - Hoffmann S.G. - Kegel Th. (2009): Freiwilligen - Management, Augsburg

Reischmann J. (2001): Ist Professionswissen lehrbar?, in: Dewe B.- Wiesner G.- Wittpoth J.:(Hrsg.): Professionswissen und erwachsenenpädagogisches Handeln. Dokumention der Jahrestagung der Sektion Erwachsenenbildung der Deutschen Gesellschaft für Erziehungswissenschaft 2001, Beiheft zum Report, Bielefeld, 81-88

Robak S. (2009): Kulturelle Aspekte von Lernkulturen in transnationalen Unternehmen unter Globalisierungsbedingungen, in: Gieseke W./ Robak S./ Wu M.-L. (Hrsg.) (2009): Transkulturelle Perspektiven auf Kulturen des Lernens, Bielefeld, 119-150

Rohe K. (1994): Politik. Begriffe und Wirklichkeiten: Eine Einführung in das politische Denken, Stuttgart - Berlin -Köln

Sajikumar S.R. - Morris G.M. - Korte M. (2014): Competition between recently potentiated synaptic Inputs reveals a winner - take - all Phase of synaptic tagging and capture, in: Proceedings of the National Academy of Science of the United States of America 11(33), 12217-12221

Sander W. (Hrsg.) (2007): Handbuch politische Bildung. Lizensausgabe für die Bundeszentrale für politische Bildung, Schriftenreihe Bd. 476, Bonn

Schäfer E. (2017): Lebenslanges Lernen, Heidelberg

Schäffter O. (2007): Erwachsenenpädagogische Institutionenanalyse. Begründungen für eine lernfördernde Forschungspraxis, in: Heuer U. - Siebers R. (Hrsg.) (2007): Weiterbildung am Beginn des 21. Jahrhunderts. Festschrift für Wiltrud Gieseke, Münster - New York - München - Berlin, 354-370

Scheidig F. (2016): Professionalität politischer Erwachsenenbildung zwischen Theorie und Praxis. Eine empirische Studie zu wissenschaftsbasierter Lehrtätigkeit, Bad Heilbrunn

Schemmann M. (2007): Internationale Weiterbildungspolitik und Globalisierung, Bielefeld

Scherb A. (2010): Der Beutelsbacher Konsens, in: Lange D. - Reinhardt V. (Hrsg.) (2010): Strategien der politischen Bildung. Handbuch für den sozialwissenschaftlichen Unterricht, Basiswissen politische Bildung, Bd. 2, Baltmannsweiler, 31-39

Schiele S. (2004): Ein halbes Jahrhundert staatliche politische Bildung in Deutschland, in: Aus Politik und Zeitgeschichte 7-8/ 2004, 3-6

Schmidt G. (2000): Wandel und Kontinuität. Wohin sich die Arbeitsgesellschaft entwickelt, in: Schüler: Arbeit Heft 2000, 57-61

Schröer A. (2004): Change Management pädagogischer Institutionen. Wandlungsprozesse in Einrichtungen der Evangelischen Erwachsenenbildung, Opladen

Schröder B. (2012): Religionspädagogik, Tübingen

Schubert H. (Hrsg.) (2008): Netzwerkmanagement. Koordination von professionellen Vernetzungen - Grundlagen und Beispiele, Wiesbaden

Schwendemann N. (2018): Werthaltungen von Lehrkräften in der Erwachsenenbildung, Wiesbaden

Schwenk E. - Klier W. - Spanger J. (2010): Kasuistik in der Lehrerbildung. Seminardidaktische Impulse für eine praxis-, problem- und teilnehmerorientierte Arbeit mit angehenden Lehrerinnen und Lehrern, Baltmannsweiler

Seitter W. (2013): Profile konfessioneller Erwachsenenbildung, Heidelberg

Seiverth S.A. (Hrsg.) (2002): Re - Visionen Evangelischer Erwachsenenbildung. Am Menschen orientiert, Bielefeld

Skinner B.F. (1982): Jenseits von Freiheit und Würde, Reinbek

Spitzer M. (2006): Lernen: Die Entdeckung des Selbstverständlichen, Weinheim

Steinert H. (2007): Das Verhängnis der Gesellschaft und das Glück der Erkenntnis: Dialektik der Aufklärung als Forschungsprogramm, Münster

Terhart E. (2003): Wirkungen von Lehrerbildung: Perspektiven einer an Standards orientierten Evaluation, in: Journal für Lehrerinnen- und Lehrerbildung 3/2003, 8-19

Thomé M. (Hrsg.) (1998): Theorie Kirchenmanagement. Potentiale des Wandels - Analysen - Positionen - Ideen, Bonn

Tietgens H. (1997): Was bleibt in der Lerngesellschaft für die Bildung?, in: Erwachsenenbildung Heft 4/1997, 161-163

Tietgens H. - Weinberg J. (1971): Erwachsene im Feld des Lehrens und Lernens, Braunschweig

Tippelt R.- v. Hippel A. (Hrsg.) (2009): Handbuch Erwachsenenbildung - Weiterbildung, Wiesbaden

Tiroler Tageszeitung, Nr. 83/ Oktober 2011: Sonderbeilage "Moment" - Schwerpunktthema "Kirche und Bildung"

UNESCO (2010): Global Report on Adult Learning and Education, Hamburg

Vanderheiden E./Mayer Cl.-H. (Hrsg.) (2014): Handbuch Interkulturelle Öffnung. Grundlagen-Best Practice-Tolls, Göttingen

Wahl D. (2006): Lernumgebungen erfolgreich gestalten. Vom trägen Wissen zum kompetenten Handeln, Bad Heilbrunn

Wahl D. (2020): Wirkungsvoll unterrichten in Schule, Hochschule und Erwachsenenbildung. Von der Organisation der Vorkenntnisse bis zur Anbahnung professionellen Handelns, Bad Heilbrunn

Walzer N. (Hrsg.) (2019): Die Bildung der Menschlichkeit für Erwachsenen. Schritte zur Gesellschaft von morgen, Wien

Weinberg J. (2000): Einführung in das Studium der Erwachsenenbildung, Bad Heilbrunn

Welsch W. (1997): Transkulturalität. Die veränderte Verfassung heutiger Kulturen, in: Schneider I. - Thomsen C. (Hrsg.) (1997): Hybridkultur. Meiden, Netze, Künste, Köln, 67-90

Werner D. (2006): Trends und Kosten der betrieblichen Weiterbildung. Ergebnisse der IW - Weiterbildungserhebung 2005, in: IW-Trends. Vierteljahreszeitschrift zur empirischen Wirtschaftsforschung aus dem Institut der deutschen Wirtschaft Köln, 33(1), 1-19

Widmaier B. (2014): Non - formale Politische Bildung. Eine evidenzbasierte Profession? in: Lange D. - Oeftering T. (Hrsg.): Politische Bildung als lebenslanges Lernen, Schwalbach/Ts., 69-81

Wittpoth J. (2006): Einführung in die Erwachsenenbildung. Bd. 4 Einführungstexte in die Erziehungswissenschaft, Opladen & Farmington Hills

Wolf. A. (Hrsg.) (1998): Der lange Anfang. 20 Jahre "Politische Bildung in den Schulen", Wien

Wood R.E. - Bandura A. (1989): Social cognitive theory of organizational management, in: Academy of Management Review 14/3, 361-384

Zech R. (2003): Lernerorientierte Qualitätstestierung in der Weiterbildung. LQT 2. Das Handbuch, Hannover

Zeuner Chr. (2010): Erwachsenenbildung: Entwicklung einer kritischen Diskussion, in: Lösch B. - Thimmel A. (Hrsg.): Kritische politische Bildung. Ein Handbuch, Schwalbach/Ts., 53-64

Zeuner Chr. (2011): Forschung zur politischen Erwachsenenbildung zwischen Theorie und Praxis. Überlegungen und Perspektiven, in: Journal für politische Bildung 2/2011, 37-46

Zeuner Chr. (2013): Erwachsenenbildung und Profession, in: Hufer K.-P./Richter D. (Hrsg.): Politische Bildung als Profession. Verständnisse und Forschungen - Perspektiven Politischer Bildung, Bundeszentrale für politische Bildung, Bd. 1355, Bonn, 81-95

Zeuner Chr. (2014): Theorie und Praxis der politischen Erwachsenenbildung: ein "gestörtes Verhältnis"?, in: Lange D. - Oeftering T. (Hrsg.): Politische Bildung als lebenslanges Lernen, Schwalbach/Ts. 85-95

Zumbach J.- Astleitner H. (2016): Effektives Lehren an der Hochschule. Ein Handbuch zur Hochschuldidaktik, Stuttgart

Pressearbeit

SN Online 14.3.2025

SN Print 15.13.2025, 28

Die Kirche braucht Veränderung

Dr. Günther Dichatschek MSc, 6370 Kitzbühel

Die SN haben am 14. März im Lokalteil ausführlich über "Pfarrer am Limit" berichtet. In ökumenischer Verbundenheit soll ein Einblick in den evangelischen Bereich in eine Region Salzburg - Tirol (Kitzbühel - Saalfelden - Zell/See) aus der Sicht des Tiroler Anteils eines interessierten evangelischen Christen verkürzt skizziert werden.

Die lokal - traditionelle Verbindung zu Kufstein ist aus Gründen einer Überbelastung von Kufstein nicht möglich. Bleibt ein Pfarrverband Kitzbühel - Saalfelden - Zell/See übrig. Ehrenamtlichkeit in einer Diasporasituation ist an ihrer Grenze, weil Nachwuchs fehlt. Berufstätigkeit, berufliches Engagement, berufliche Fortbildung, Familie und Studium mit fehlender überregionaler Mitarbeiterbetreuung zeigen ein Limit auf. Pensionisten/-innen sind ebenfalls an ihrer Grenze, etwa durch Überalterung, gesundheitliche Einschränkungen und fehlende Mobilität.

Digitalisierte Angebote und Kommunikationsmodelle werden notwendig werden. Soziokulturelle Veränderungen und Finanzprobleme benötigen notwendige Überlegungen, weitreichende Entscheidungen mit nachhaltigen Überlegungen.

Dr. Günther Dichatschek MSc, 6370 Kitzbühel

Dokumentation

UNIVERSITÄT WIEN

Institut für Kirchenrecht und Evangelische Kirchenordnung
o. Univ.-Prof. Dr. Gustav Reingrabner · Institutsvorstand

Herrn
Dr. Günther DICHATSCHEK

6370 Kitzbühel

TEILNAHMEBESCHEINIGUNG

Wien, am 16.01.2002

Hiermit wird bestätigt, daß Herr Dr. Günther DICHATSCHEK
am Studientag "Unternehmenskultur in der Kirche?"
mit Erfolg teilgenommen hat.

o.Univ.Prof. Dr. Gustav Reingrabner
- Institutsvorstand -

A 1090 Wien · Rooseveltplatz 10/8
Telefon (+43-1) 4277-330-14 oder 01 · Telefax (+43-1) 4277-9330 · E-Mail: kirchenrecht.evang@univie.ac.at

IC· Kardinal König Akademie

Zertifikat

Dr. Günther Dichatschek

hat vom 21. September 2006 bis 22. September 2007 am

Lehrgang Ökumene

im Kardinal König Haus teilgenommen und mit Erfolg abgeschlossen.

Lehrgangsinhalte
Theologie und Motivation der Ökumene
Östliche Kirchenfamilien
Westliche Kirchenfamilien
Systematisch vergleichende Darstellung
Perspektiven der Ökumene

Leitungsteam und Referierende
Christof Blankenstein | Michael Bubik | Michael Bünker | Patrick Curran
Ewald Eichler | Edmond Farhat | Mar Gabriel | Christine Hubka | Mesrob Krikorian
Vladimir Fedorov | Dietrisch Fischer-Dörl | Bert Basilius Groen | Susanne Heine
Jutta Henner | Wassilios Klein | Helmut Krätzl | Rüdiger Lohlker | Anke Neuenfeldt
Georg Nuhsbaumer | Lothar Pöll | Richard Potz | Brigitte Proksch | Joachim Sander
Alfred Schweiger | Kersten Storch | Eva Synek | Dietmar Winkler | Martha Zechmeister

Wien, den 21. September 2007

Mag. Georg Nuhsbaumer   Dr. Christine Hubka   Dr. Brigitte Proksch

Leitungsteam

Bildungszentrum der Jesuiten und der Caritas gemeinnützige Ges.m.b.H.
Kardinal-König-Platz 3, A-1130 Wien · FN 287572a HG Wien · UID ATU 63052537 · IBAN AT46 3200 0000 0870 0155
Tel: +43-1-804 75 93 · Fax: +43-1-804 97 43 · office@kardinal-koenig-haus.at · www.kardinal-koenig-haus.at

Fakultät für Kulturwissenschaften
Zentrum für Friedensforschung und Friedenspädagogik

Dr. Günther Dichatschek

Staatsangehörigkeit: Österreich
Geburtsdatum: 06. 07. 1942
Matrikelnummer: 7316735

Citizenship: Austria
Date of birth: July, 6, 1942
Registration Number: 7316735

BESCHEID

NOTICE

Sie haben den Universitätslehrgang „Politische Bildung" gemäß § 124 Abs. 3 Universitätsgesetz 2002, BGBl. I Nr. 120/2002 i.d.g.F., in Verbindung mit den Statuten des Universitätslehrganges, verlautbart im Mitteilungsblatt der Universität Klagenfurt vom 20. August 2003, Stück 26b, Nr. 279, absolviert.

You have completed the university programme in „Politische Bildung" in accordance with § 124 section 3 of the Universities Act 2002, BGBl. I no 120/2002 in its current version, and in accordance with the statutes for that university programme as published in the Bulletin of the University of Klagenfurt on August 20, 2003, vol. 26b, no. 279. The final examination was passed.

Der Universitätslehrgang Politische Bildung wird in Kooperation mit der Donau Universität Krems abgehalten. Die Abschlussprüfung wurde bestanden.

The university programme in „Politische Bildung" takes place in co-operation with the Donau University Krems.

Gemäß § 87 Abs. 2 UG i.V.m. Art. VIII der Statuten wird Ihnen der akademische Grad

In accordance with § 87 section 2 of the Universities Act and in accordance with section VIII of the statutes, I confer upon you the academic degree of

Master of Science „Politische Bildung"
(MSc-Politische Bildung)

verliehen.

Rechtsmittelbelehrung

Rights of Appeal

Gegen diesen Bescheid ist binnen zwei Wochen nach Zustellung das ordentliche Rechtsmittel der Berufung zulässig. Die Berufung hat den angefochtenen Bescheid zu bezeichnen und einen begründeten Berufungsantrag zu enthalten, ist schriftlich an den Studienrektor/den Vizestudienrektor zu richten und in der Studienabteilung der Universität Klagenfurt, 9020 Klagenfurt, Universitätsstraße 65-67 einzubringen. Berufungsinstanz ist der Senat der Universität Klagenfurt.

Ordinary appeal can be filed against this ruling within two weeks of the service thereof. The appeal must contain an appeal petition with justification, is to be addressed in writing to the Rector/Vice-Rector of Studies and shall be submitted to the Office for Admissions (Studienabteilung) at the University of Klagenfurt, 9020 Klagenfurt, Universitätsstrasse 65-67. The body hearing the appeal is the Senate of the University of Klagenfurt.

Klagenfurt, am 31. Juli 2008
Klagenfurt, July 31, 2008

Für den Studienrektor/den Vizestudienrektor:
O.Univ.-Prof. Dr. Albert Berger
Dekan

Univ.-Prof. Dr. Peter Filzmaier
wissenschaftlicher Lehrgangsleiter

Universitätsstraße 65-67, A-9020 Klagenfurt, Tel.: ++43 (0) 463 2700

Dr. Günther Dichatschek, MSc

geboren am 06.07.1942

hat am 30. Jänner 2009 das wba-Diplom

Diplomierter Erwachsenenbildner
Schwerpunkt
Bildungsmanagement

(60 ECTS) erworben.

Wien, am 30. Jänner 2009

wba-Leiterin
Mag.ª Karin Reisinger

BIfEB-Direktorin
Dr.ⁱⁿ Margarete Wallmann

wba
WeiterBildungsAkademie Österreich

bifeb)
bundesinstitut für erwachsenenbildung

UNIVERSITÄT
SALZBURG

Univ. Prof. Dr. Erich Müller	Kultur- und Gesellschaftswissen- schaftliche Fakultät
Vizerektor für Lehre Kapitelgasse 4-6 5020 Salzburg, Austria	Erzabt Klotz Strasse 1 5020 Salzburg – Austria Tel.: +43/ (0) 662 8044-0

Herr Dr.phil. Günther Dichatschek, MSc Politische Bildung

geboren am 06.07.1942

hat den

Universitätslehrgang Interkulturelle Kompetenz
(Intercultural Competence – ICC)

im Ausmaß von 40 ECTS mit Erfolg abgeschlossen.

Nach positiver Beurteilung aller im einschlägigen Curriculum vorgeschriebenen Prüfungen sowie nach Abfassung einer positiv beurteilten Projektarbeit wird daher das

Diploma in Intercultural Competence
im Spezialisierungsteil *Wirtschaft und Recht*

verliehen.

Rechtsgrundlagen: Curriculum für den Universitätslehrgang Interkulturelle Kompetenz an der Universität Salzburg, verlautbart im Mitteilungsblatt Nr. 54, vom 29. Juni 2010 idgF.

Salzburg, am 1.10.2012

Für den Vizerektor für Lehre:

Kultur- und Gesellschaftswissen-
schaftliche Fakultät

Stv. Dekan Ao.Univ.-Prof. Mag.rer.soc.oec. Dr.phil. Martin Weichbold

77

Zertifikat HSD⁺

Herr
Dr. Günther DICHATSCHEK, MSc

hat den

internen Lehrgang für Hochschuldidaktik

HSD⁺ Erweiterungslehrgang (WS 2015/16)

an der Universität Salzburg im Ausmaß von 2 ECTS-Credits
erfolgreich abgeschlossen.

Salzburg, am 25. Februar 2016

Univ.-Prof. Dr. Jörg Zumbach
Lehrgangsleitung

Univ.-Prof. Dr. Erich Müller   Ao.Univ.-Prof. Dr. Rudolf Feik
Vizerektor Lehre   Vizerektor QM & PE

Personalentwicklung

78

Teilnahmebestätigung

für

Dr. Günther Dichatschek MSc

Hiermit wird die Teilnahme an dem von CONEDU & PartnerInnen auf der Plattform iMooX angebotenen

EBmooc – Offener Onlinekurs zu digitalen Werkzeugen für ErwachsenenbildnerInnen

#ebmooc17

bestätigt.

Die Teilnehmerin/der Teilnehmer hat alle sechs Multiple-Choice-Tests erfolgreich bestanden.

Inhalt der Module

1. Einführung: Aufbau des EBmooc und das Lernen in MOOCs
2. IKT-Tools für die tägliche Arbeit rund um ein Bildungsangebot
3. Social Media in der Erwachsenenbildung
4. Blended Learning und eLearning in der Erwachsenenbildung
5. Offene Bildungsressourcen für die Erwachsenenbildung
6. Bildungsberatung (und Lernberatung) mit Online-Unterstützung

Der Zeitaufwand hierfür war mit 18 Stunden für das Selbstlernen veranschlagt.

VeranstalterInnen

Mag. [a] Dr. [in] Birgit Aschemann u. Mag. Wilfried Frei (Leitung), DI. [in] Martina Süssmayer | Verein CONEDU
Dipl.-Ing. Dr. Martin Ebner | Technische Universität Graz, Mag. David Röthler | Verein WerdeDigital.at

Graz/Austria, im April 2017

EBmooc erwachsenenbildung.at 2017 | #ebmooc17
von CONEDU, TU Graz und WerdeDigital.at | auf imoox.at
Gefördert aus Mitteln des Bundesministeriums für Bildung

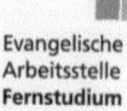

Zertifikat

für

Herrn
Dr. Günther Dichatschek MSc

über den erfolgreichen Abschluss des Fernstudiums

Grundkurs Erwachsenenbildung

Münster, den 22. März 2018

Dr. Gertrud Wolf

Leiterin der
Evangelischen Arbeitsstelle Fernstudium
im Comenius-Institut e.V.

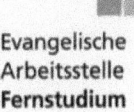

Evangelische
Arbeitsstelle
Fernstudium

Zertifikat

für

Herrn
Dr. Günther Dichatschek MSc

über den erfolgreichen Abschluss des Fernkurses

Nachhaltige Entwicklung

der Evangelischen Arbeitsstelle Fernstudium im Comenius-Institut e.V.

Münster, 17. August 2020

Frau Dr. Ada Gertrud Wolf
Leiterin der
Evangelischen Arbeitsstelle Fernstudium
im Comenius-Institut e.V.

Zum Autor

APS - Lehrer/ Lehramt für Volks- und Hauptschule (D, GS, GW) sowie Polytechnischer Lehrgang (D, SWZ, Bk); zertifizierter Schüler- und Schulentwicklungsberater; Lehrbeauftragter am Pädagogischen Institut des Landes Tirol/ Berufsorientierung bzw. Mitglied der Lehramtsprüfungskommission für APS - Lehrer/ Landesschulrat für Tirol (1994 – 2003).

Lehrbeauftragter am Institut für Erziehungs- bzw. Bildungswissenschaft/ Universität Wien/ Aus- und Weiterbildung/ Vorberufliche Bildung (1990/ 1991- 2010/2011); Lehrbeauftragter am Sprachförderzentrum des Stadtschulrates Wien/Interkulturelle Kommunikation (2012); Lehrbeauftragter am Fachbereich für Geschichte/ Universität Salzburg/ Lehramt "Geschichte - Sozialkunde - Politische Bildung/ "Didaktik der Politischen Bildung" (2015/ 2016, 2017).

Mitglied der Bildungskommission der Evangelischen Kirche in Österreich A. und H.B. (2000 - 2011), stv. Leiter des Evangelischen Bildungswerks in Tirol (2004 - 2009, 2017 – 2019).

Kursleiter an den VHSn Zell/ See, Saalfelden und Stadt Salzburg - "Freude an Bildung" (2012-2019) und VHS Tirol "Der Wandel der Alpen" - Politische Bildung (2025).

Absolvent des Instituts für Erziehungswissenschaft/ Universität Innsbruck/ Doktorat (1985), des 10. Universitätslehrganges Politische Bildung/ Universität Salzburg - Klagenfurt/ Master (2008), des 6. Universitätslehrganges Interkulturelle Kompetenz/ Universität Salzburg/ Diplom (2012) - des 6. Lehrganges Interkulturelles Konfliktmanagement/ Bundesministerium für Inneres - Österreichischer Integrationsfonds/ Zertifizierung (2010), der Weiterbildungsakademie Österreich/ Diplome (2010), des 1. Lehrganges Ökumene/ Kardinal König - Akademie Wien/ Zertifizierung (2006) - der Personalentwicklung für Mitarbeiter der Universitäten Wien/ Bildungsmanagement/ Zertifizierungen (2008 - 2010) und Salzburg/ 4. Lehrgang für Hochschuldidaktik/ Zertifizierung (2015/2016) - des Online - Kurses "Digitale Werkzeuge für Erwachsenenbildner_innen"/ TU Graz - CONEDU - Werde Digital.at - Bundesministerium für Bildung/ Zertifizierung (2017), des Fernstudiums Erwachsenenbildung/ Evangelische Arbeitsstelle Fernstudium - Comenius Institut Münster/ Zertifizierung (2018), des Fernstudiums Nachhaltige Entwicklung/ Evangelische Arbeitsstelle Fernstudium - Comenius Institut Münster/ Zertifizierung (2020).

Aufnahme in die Liste der Sachverständigen für den NQR/ Koordinierungsstelle für dem NQR, Wien (2016).

mailto:dichatschek@kitz.net